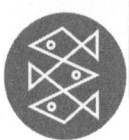

Ferdinand Schmalz (* 1985 in Graz), aufgewachsen in Admont in der Obersteiermark, studierte Theaterwissenschaft und Philosophie in Wien und absolvierte den Lehrgang Forum Text in Graz. Gleich mit seinem ersten Stück *am beispiel der butter* (uraufgeführt am Schauspiel Leipzig) erhielt er 2013 den Retzhofer Dramapreis, wurde 2014 für den Mülheimer Dramatikerpreis nominiert, zum Nachwuchsdramatiker des Jahres gewählt und mit dem Dramatiker Stipendium der Stadt Wien ausgezeichnet. Sein zweites Stück *dosenfleisch* eröffnete 2015 in einer Inszenierung des Burgtheaters die Autorentheatertage am Deutschen Theater Berlin und wurde 2016 ebenfalls zu den Mülheimer Theatertagen eingeladen. *der herzerlfresser* (uraufgeführt am Schauspiel Leipzig) wurde u. a. vom Deutschen Theater Berlin und vom Wiener Burgtheater nachgespielt, der RBB produzierte den Text als Hörspiel. Mit *der thermale widerstand* (uraufgeführt am Schauspielhaus Zürich) wurde Ferdinand Schmalz 2017 erneut nach Mülheim eingeladen. Im selben Jahr gewann er den Ingeborg-Bachmann-Preis mit dem Text *mein lieblingstier heißt winter* und den Kasseler Förderpreis Komische Literatur für sein bisheriges dramatisches Werk. 2018 hat seine Adaption des *Jedermann* von Hugo von Hofmannsthal mit dem Titel *jedermann (stirbt)* im Großen Haus des Burgtheaters Wien in der Regie von Stefan Bachmann ihre Uraufführung. Ferdinand Schmalz lebt in Wien.

Weitere Informationen zu Ferdinand Schmalz:
www.dieschmalzette.at
www.fischertheater.de

FERDINAND SCHMALZ

leibstücke

Mit einem Nachwort
von Peter Waterhouse

Herausgegeben
von Friederike Emmerling
und Stefanie von Lieven

FISCHER Taschenbuch

Theater
Eine Reihe bei FISCHER Taschenbuch

Originalausgabe
Erschienen bei FISCHER Taschenbuch
Frankfurt am Main, Dezember 2017

© 2017 S. Fischer Verlag GmbH, Hedderichstr. 114,
D-60596 Frankfurt am Main

Aufführungsrechte: S. Fischer Verlag GmbH, Frankfurt am Main
Umschlaggestaltung: Sanaz, Frankfurt am Main, www.sanaz.eu
Foto: Leon Höllhumer

Satz: pagina GmbH, Tübingen
Druck und Bindung: CPI books GmbH, Leck
Printed in Germany
ISBN 978-3-596-29933-1

Inhalt

am beispiel der butter

»die aufgabe einer kritik der gewalt lässt sich als die
darstellung ihres verhältnisses zu recht, gerechtigkeit und
butter umschreiben.«
unsauber zitiert nach walter benjamin

»nicht das natürliche leben, sondern das der butter ausge-
setzte (das nackte oder fette leben) ist das ursprüngliche
politische element.«
unsauber zitiert nach giorgio agamben

adi	molkereiarbeiter
karina	molkereiarbeiterin
hans	exekutivbediensteter
jenny	betreiberin der bahnhofsreste
huber	mittleres molkerei-management

pausen:
/   ein schlag
//   zwei schlag
///   drei schlag

hans von der staatsgewalt erzählt
der stielaugenjenny von der reste über den futterer adi

in der bahnhofsreste an der theke lassen die jenny von der reste und der hans von der staatsgewalt den tag gewohnt geruhsam beginnen.

jenny der adi ist mir nicht geheuer.

hans dir ist keiner heuer.

jenny man denkt halt.

hans das denken macht halt auch nicht schöner. gib mir lieber einen klaren.

jenny einmal frühstück für champions?

hans wenn so der nebel, so dünn wie magermilch, ins tal reinhängt, brauchts etwas klares, das von innen dem trüben dann entgegenhält.

/

jenny immer steht er, der adi, mit dem joghurt. den hab ich ja noch nie ohne sein joghurt gesehen. und ich hab ihn immer gesehen, wenn er, der adi, da vorbeigegangen ist, weil entgeht mir ja niemand.

hans die stielaugen jenny.

jenny ihr mit euren zugespitzten namen. auf jeden zugespitzt. aufgespießt ist man auf eure namen.

hans so kriegt halt jeder, was er verdient.

jenny und er, der adi?

hans futterer.

///

der futterer adi.

jenny und womit hat er sich das verdient?

hans hast das noch nicht mit deinen stielaugen, also ihn, den futterer adi, mit deinen stielaugen gesehen?

jenny sicher hab ich alles gesehen, aber weiß halt nicht, worauf du spitzt.

hans sitzt also da in deiner reste und übersiehst alles mit deinen stielaugen. also siehst nur drüber über alles. weil das schauen von dir kein erkennen ist.

jenny und dein erkennen ist nur benennen. hättst mich ja auch einmal anschauen können, das hätt mir vielleicht sogar gefallen, wenn du mich mal erkannt hättst, aber du musst ja immer nur benennen mit deinen spitzen namen.

hans musst auch immer damit anfangen. fängst da immer mit deinen resten an, resten, die schon längst vergessen waren. das hab ich schon einmal benannt, dass das dein problem …

jenny nenn mich nicht beim problem.

hans wie eine warsagerin bist du, aber ohne h. sagst nur, was schon mal war.

jenny das sehen und das sagen, wird man wohl noch dürfen.

hans dann beschwer dich nicht über meine spitzen namen.

/

jenny jetzt hätten wir das auch gesagt. nur der adi, warum der der futterer ist, weiß ich immer noch nicht.

hans jetzt sei nicht angerührt. hast es ja schon gesagt, was du gesehen hast: das joghurt.

jenny das müsst man verstehen auch noch.

hans der adi fährt zug.

jenny das weiß ich, seh ihn ja am steig stehn.

hans ja, der nimmt den zug und fährt das ganze tal von oben bis nach unten.

jenny sind aber viele, die da pendeln, weil ein milcherzeugnis seine erzeuger oder besser zeugen braucht, geht ja alles automatisch schon. die müssen dort nur mehr bezeugen, dass alles mit rechten dingen zugeht.

hans stellt halt sonst sie keiner ein mehr. nur die talmilch nimmt noch auf. weil die butter lassen wir uns nicht vom brot herunter stehlen.

jenny ich seh sie jeden tag hier aus den zügen raus und in die hallen von der talmilch rüberhetzen. und wenn sie fertig sind, zurück, und manche kommen zu mir rasten.

hans der futterer adi ist einer von denen.

jenny das hab ich mir schon dacht, weil das joghurt von dem eins von diesen mitarbeiterexemplaren ohne namen drauf ist.

hans das hast du gut gesehn. und sicher hast du auch den löffel, den er bei sich trägt, gesehn. mit dem geht er im zug von einem end zum andern, und wen er trifft, fragt er, ob der nicht bisschen von dem joghurt will. »magst einen schnapper?«, fragt er, der adi, füttert dann von dem namenlosen becher in die münder von den fremden hinein. schaufelt das weißeste der milch in die gierigen gesichter.

jenny das gibts doch nicht.

hans sind kinder auch dabei.

jenny das füttern von den kindern ist den müttern ihre sache. mit ihrer muttermilch, die sie dem kind versprochen haben.

hans bei der muttermilch, da hört der spaß sich auf. ein jeder hat doch löffel zhaus genug. da muss sich keiner von dem adi einen löffel in den mund reinstecken lassen.

jenny in aller öffentlichkeit.

hans und kommt ganz ungestraft davon. der fällt noch auf die butterseite.

/

jenny da kann man nichts dagegen tun?

hans nichts.

jenny du hast aber doch die gewalt auf deiner seite, hans.

hans da ist auch meine staatsgewalt gebunden. ich würd ja gern für eine normalität hier sorgen …

jenny die dringend nötig wär …

hans aber der staat, den ich in meiner person verkörpere, darf nicht mehr, wie er will.

jenny da hat man eine gewalt und darf sie nicht vollstrecken, eine schande das.

hans dass ich die gewalt nicht mehr als staat ausleben darf, das zwingt mich in den hobbykeller.

jenny sag bloß.

hans mein hobby ist die gewalt, die ich als staat nicht tragen darf.

jenny wennst willst, kannst deine gewalt auch mal zu mir her-übertragen. wird die deinige auch nichts dagegen haben, wenn du mal bisschen von deiner gewalt an mir willst aus-probieren.

hans die stielaugen jenny.

jenny das wär einmal ein staatsakt.

hans nur zuerst muss ich mein hobby wieder mal zum beruf aufschwingen. der adi stört das normale, mit seinem abnor-men verhalten.

jenny wird zeit. weil ist ja kaum zu denken, was der für eine wirkung hat. gerade auf die jungen.

hans die jugend gehört behütet. der staat in mir rührt sich mal wieder. es muss geschritten werden. also in diese wirksam-keit muss eingeschritten werden.

jenny endlich!

am bahnsteig vor der reste.

hans adi.

adi hans.

hans /

adi /

hans da stockt was zwischen uns.

  /

adi was soll da stocken zwischen uns?

hans du weißt, wovon ich sprech.

  /

adi da, wo das tal jetzt ist, in dessen mitte, am talgrund, wo die
talmilch steht, hat früher eine alm, die hochalm, sich erho-
ben, fett und fruchtbar, die den bewohnern goldne butter
bracht. nur dass das almvolk übermütig wurd. an jedem
sonntag schob man dort mit käsekugeln nach butterkegeln.
zur strafe brachen die fetten almen samt den fetten almern in
die erd hinab. der bruch, die wunde, die dabei entstand, das
ist das tal, in dem wir leben hier. und unten, unter unsren füßen, da bröckelt es schon wieder.

hans was willst jetzt damit sagen?

  ///

adi du weißt, wovon ich sprech.

vom abdruck der geste in der butter

adi ich bin die butter! die goldgelbe. die sommerbutter, die die almkuh in ihrer fleischlichkeit, und ihre fleischlichkeit dient einzig und allein dazu, die butter, die ich bin, zu erzeugen. in ihrer fleischlichkeit hat sie, die almkuh, schon alles gespeichert, was die butter ausmacht. da steht die kuh in ihrer ganzen ... oder besser die fleischlichkeit der kuh, in ihrer ganzen pracht. den ganzen sommer steht da dieser fleischberg fressend, um dann fressen zu produzieren. sonnt sich in der höhensonne, denn in der höhe ist die sonne eine andere, eine bessere sonne als die talsonne, weil es ist ja auch die almbutter die bessere, gelbere, weil sie der sonne um so viel näher war.

das alles speichert sie, die kuh, diese nähe, oder besser die erfahrung der nähe zur sonne speichert sie, die kuh, in ihrem weißen inneren. und das weiß dann auch die milch, wenn sie unten aus ihrem fetten, fettumschmierten euter rinnt. da weiß die milch schon, dass aus ihr einmal die butter wird, die um die höhensonne weiß, die butter, die ich bin, dieser sonnengelbe patzen fett, dieses träge in sich ruhen. die almkuh ist die fleischlichkeit der höhensonne.

aber wie geht das? wie wird die milch zur butter? das kann man sich doch fragen!

wie ich wurde die milch zur butter in der molkerei. dieser halle, durch die die milch strömt und zum erinnern gezwungen wird, zum erinnern an die höhensonne, die goldgelbe höhensonne. liegt in stahltanks da, die milch, und soll sich erinnern, wie das war auf der alm. und in diesem erinnern kehrt die milch ihr innerstes nach außen. kehrt die fette erinnerung an die höhensonne nach außen. und durch das rühren wird sie träge, die milch, immer träger, bis sie nurmehr reine, fette erinnerung ist. genau wie ich. und vorne die milchströme rein und hinten die butterblöcke raus, diese wunderbutterblöcke, in denen die idee der höhensonne gespeichert ist, wie sie im weißen inneren der kuh schon gespeichert war. die butter hat ein gedächtnis. so wie ich auch ein gedächtnis habe. in das sich die dinge hineinpressen, hineinpressen in mein butter-ich, und abdrücke hinterlassen, abdrücke, die ich erinnerungen nenne. das ist mein gedächtnis, mein speicher, in dem als erster gedanke, erster abdruck, die höhensonne sich hineingepresst hat.

und dann eine geste, also der abdruck einer geste in der butter. daran kann ich mich erinnern, an diese geste, aber was sie getragen hat, die geste, weil eine geste immer etwas trägt, weiß ich nicht. meist die last der macht. aber auch die reine möglichkeit einer veränderung, reines werden eines neuen. vielleicht eine idee von der welt außerhalb der molkerei. eine idee von der höhensonne oder besser die idee der höhensonne, wie sie sich durch meine milchhaut gräbt. aber davon bleibt nur der abdruck. ich butternegativ der geste der veränderung.

und das ist das problem: weil ich, als butter-ich, nur erinnern kann, immer nur warten, bis sich was in mich presst, und dann die narben in mir betrachten, also erinnern. nie draußen bei den dingen sein, sondern immer im inneren der butter. im innersten der butter liegt mein zerbrechlicher kern. immer noch alles in butter, also in der butter, ich. und nie die faust ballen können, zu einer geste ballen, die dann von der möglichkeit spricht. die geballte faust, die davon spricht, dass eine macht nur etwas ist, was zwischen vielen entsteht. vielleicht: ganz da sein, ganz unmittelbar mittelbar oder besser mitteilbar sein. den kopf in den sturm, oder besser den strom, den milchstrom eines augenblicks halten. um endlich, endlich, endlich handeln zu können. nicht nur funktionieren. nicht nur erinnern. das offene ganze sehen. ganz gegenwärtig sein.

aber in mir, in der butter, herrscht die lähmende macht der trägheit. die jede bewegung hemmt, in der jeder gedachte gedanke nicht zu einer handlung wird, sondern zu einer erinnerung, zu einer erinnerung erstarrt und so immer tiefer ins innere der butter treibt. wie der gletscher schluckt sie, die butter, also ich, alles, was da noch lebt. wann kalbt mein butter-ich?

im herz der milch

*wenig später im butterwerk der talmilch molkerei. der huber und
der adi. letzterer mit einer handkamera.*

huber authentizität, adi, authentizität. deshalb sie, adi, authentizität.

adi aber wie soll ich von hinter dieser kamera von meinem *so-
sein* erzählen?

huber die führung ihrer hand, adi, teilt der kamera etwas mit,
was den zusehern vor den endgeräten eine unmittelbarkeit
mitteilt. adi, deswegen sie, adi, authentizität. die geste ihrer
hand. das macht uns glaubwürdig.

adi aber wenn ich vielleicht im bild auch …

huber nein, ganz falsch gedacht, adi, da haben sie ganz falsch
gedacht. darum ist auch unsereiner für die vermarktung zu-
ständig und nicht sie. definition, adi, definition ist das gebot
der stunde. um eine hohe definition zu erreichen, muss man
sich abheben, wenn sie, adi, mit mir im bild sind, wie soll ich
mich da abheben, wie soll sich meine rede abheben, sie ziehn
mich nur hinunter in den hintergrund. sie halten die kamera
auf ihre authentische weise. dazu ists billiger, die eigenau-
thentizität, als wenn ein team mit ihrer profiauthentizität die
kamera führt. und achten sie auf die schärfe.

adi die schärfe tut sich bisschen schwer bei ihnen.

huber weil sie, adi, mich nicht im bild haben. wenn sie mich in
bildmitte nehmen, dann kommt die schärfe allein durch meine kantigkeit.

adi jetzt füllts, was sie da kantig nennen, aus das bild.

huber wenn sie mich, adi, in der höchsten definition und schärfe haben, dann drücken sie, adi, auf den knopf, den roten.

adi ist schon geschehn

huber geliebteste konsumenten, sie sehen mich im herz der milch ...

/

warum filmt er, der adi, jetzt mein knie?

adi da hat sich die meiste glaubwürdigkeit gezeigt. in den gelenken teilt sich der mensch in seine glieder. da braucht es einen glauben an ein ganzes.

huber er soll mein gesicht in der innersten schärfe des bildes halten. die gelenke sind für den konsumenten nicht von interesse ...

adi gibt knieinteressierte auch unter den konsumenten.

huber aber auch in denen wollen wir nicht das knieinteresse befriedigen, sondern die milchlust wecken, die für unsere produktion von größtem interesse ist. dazu muss ich in höchster definition vom milchprodukt hier sprechen, wonach sie greifen dann im kühlregal.

adi wärs dann nicht für den konsument von noch viel höherem interesse, wenn die produktion, das heißt jetzt ich, vielleicht zu wort kommt. und sich die schärfe von der kamera mal auf den produzierer richten könnt.

huber wieder falsch, da denken sie, adi, in die falsche richtung. wir verkaufen ja nicht milch. was der kunde, in dem die milchlust wütet, kauft, ist die idee von einem unschuldigen weiß. sie, adi, würden das dann nur mit ihrem groben körperbild beschmutzen. und statt dem reinen weiß sieht dann der milchlustige konsument nur die harte arbeit, die dahinter steht. alles auf anfang, wir drehen jetzt. der rote knopf gedrückt ...

adi in schärfe und definition sind sie.

/

huber geliebteste konsumenten, sie sehen mich im herz der
milch. hier wird das reinste weiß, das sie auf ihrem früh-
stückstisch sich in die gläser gießen, rein gemacht. da freut
sich auch die almkuh, dass die reinheit ihrer natur hier auf
die größte sauberkeit und hygiene trifft. es sind die fremden
kulturen, keime, die der reinen weiße von der milch gefähr-
lich sind, drum sind wir auch zur reinheit in dem hohen maß
gezwungen, um am ende, wie ich, hier vor sie zu treten und
mit vollster überzeugung sagen zu können:

/

deine heimat, deine milch.

schnitt.

adi so, jetzt ists im kasten, und der produzent von milch und
film, der bleibt heraußen und darf sich, hoff ich, endlich einer arbeit wieder widmen.

huber sie, adi, werden nicht mehr nach ihrer kamerahand gefragt, gibt andere, die haben authentizität genug und legens
nicht immer auf eine patzigkeit so an wie sie.

adi das ist mir selber auch das liebere.

/

huber sie, adi, eins noch!

adi was?

huber der hans hat mir gesagt, dass er sie mit dem joghurt zum
wiederholten male hat gesehen.

adi ja und?

huber er sagt, ist eines von den mitarbeiterexemplaren, das
euch die firma aus reinster dankbarkeit lässt von der produktion abzweigen.

adi der hans soll sich um seine sache kümmern.

huber nur dass das seine sache ist. er hat einen riecher dafür, wenn wo was sauer wird, wenn wo was nicht der ordnung nachgeht, und da hat er ein recht darauf, dass er mir das dann meldet, wenn wo die unregelmäßigkeit bis zum himmel stinkt.

adi und ich hab recht, mit meinem joghurt zu tun und lassen, was und wies mir passt.

huber wenn sie das mitarbeiterjoghurt, das nur für den mund der mitarbeiter zugedacht ist, an jeden, den sie beim zugfahrn treffen, verschwenden, wird das seine konsequenzen haben. die konsumentenschaft soll sich nicht an dem gratisexemplar die milchlust abarbeiten.

adi der hans wird mich nicht mehr mit einem joghurt sehen, und wenn doch, dann wird es eines sein, das sich der adi, also ich, von seinem eignen lohn gekauft.

huber sie, adi, sie, ich sag ihnen jetzt mal was! die ordnung ist zu ihrem besten. gerade einer wie sie sollt sich nicht so dagegen wehren. wenn sie hier auffällig werden, dann haben wir ein problem, für das sich, wie zu jedem problem, die passende lösung wird finden.

adi ich schreibs mir auf.

/

huber sie, adi, eins noch.

adi was noch?

huber bei ihnen, adi, bei der butter drüben, gibts eine neue stelle jetzt. die stelle ist noch in der personalabteilung, die kommt dann aber rüber zu ihnen in die butter. damit sie sie, die neue stelle, etwas einführen in das buttern, wie es sich hier bei uns verhält. und da möcht ich dann keine patzigkeit wie eben, adi, sehen.

und schimmert dünn am horizont
ein butterfilm

karina warum ich so hinstarr vor mich, fragt jeder mich hier. da wird die milch ja sauer, wennst so vor dich hinstarrst, karina. das kommt davon, weil ich mich innen leer gemacht hab. da rührt sich nichts mehr in mir drinnen. hinausgespült mit allerhand klarer flüssigkeit, was da an einteilungen, versuchen einer teilbarmachung, an mitteilungen in mir war.
man stürzt so rein in eine form, die man dann auch sein leben nennt. nur beult man aus, die form, macht eine unform draus, wird man bestraft dann von den andren formen. ich wollt das stürzen aus der form nicht lassen, sturzunform ich. so stürz ich durch mein leben, stürz raus aus meiner mutter. von einer schule stürz ich in die nächste. stürz immer und immer wieder die hoffnung meiner eltern um, die sie mir mit dem taschengeld in meine taschen stecken, sollen weiter hoffen sie, dass sich ein platz noch findet, eine form, für mich. von einer stelle stürz ich in die nächste, will mich nicht halten drin. und am end von jeder woche, stürzt sich die welt in mich und ich dann ab, mit ihr.
bin eine leere tafel innen. nur eins ist da in mir, das sich nicht rausspülen lässt, egal, wie scharf die flüssigkeit. was sich von selber immer wieder in die tafel schreibt, oder besser kratzt: ein wunsch. ein wunsch danach, einmal was eigenes zu finden. eine entscheidung, teilung, teilhabe, selbst zu treffen. was neues in dem leeren innenraum von mir wuchern zu lassen. was außerhalb der eingefahrenen gedankenströme, die mich als einen teil des ganzen sehen wollen, seine eigene klei-

ne, überwucherte insel bildet. vom adi hab ich bisher nur gehört: er soll ganz anders sein als alle hier. das ists, was mich interessiert an ihm. der schafft es, seine eigne wuchernde welt vielleicht zu schaffen.

///

adi und, und, und. das ist der grundsatz der maschinen, immer das eine an das andre hängen, die eine maschine dockt an die nächste an, dass nur der milchstrom ja nie unterbrochen sei.

karina ja klar, das hab ich schon verstanden, nur was passiert da drinnen, im inneren von den maschinen?

adi da wollt ich ja grad …

das, das wollt ich ja grad sagen, dass da jede maschine einen schnitt auch, aber keine unterbrechung in den milchstrom setzt. schnitt, maschine, schnitt, maschine, so treibts voran, das werden von der butter.

karina wie ein film, wo auch, der schnitt von einer szene dann zur nächsten führt, wie eine unterbrechung, die verbindet.

adi wenn dus wie einen film, einen butterfilm, sehn willst, dann wär das dort die erste szene. eine trennungsszene, wo der rahm sich von der magermilch dann trennt.

karina der film fängt gleich mit einer trennung an?

adi und kommt noch schlimmer. schnitt, nächste szene, in der maschine da drüben: da liegt der rahm dann, und in ihm drinnen reift etwas heran: er wird sauer.

karina wer kanns ihm verübeln, wenn er da ganz allein und ohne seine magermilch in diesem stahltank liegen muss.

adi und ist die säure in ihm ausgereift, kommt zack, schnitt, schon die nächste szenenmaschine dort drüben, eine dunkle gasse, in der er, der rahm, schläge einsteckt, bis dass das fett in ihm, die reine trägheit, klumpt. von den vielen schlägen wird sein leib so träg und weich wie, wie butter.

karina hast du ein taschentuch.

adi zum schluss wird er dann, also sie, die butter, zerteilt und in viereckige form gepresst, verpackt und in alle welt zerstreut.

karina reiht sich dann szene an szene, maschine an maschine und schnitt an schnitt erzählt immer wieder dieselbe geschichte. und kein happy end?

adi keins. nur eine hoffnung, dass im inneren von jedem stück butter noch was ruht, was keine trägheit ist.

karina ich würd gern reinschaun in die maschine.

adi das ist es ja, das werden von der butter ist vor uns weggesperrt. das erzeugnis, produkt, kennt keine berührung mehr.

karina und darum berührt auch das produkt, erzeugnis uns nicht mehr. nur was tun wir dann noch hier?

adi man hat zu diesem zweck den schalter konstruiert. der letzte rest berührung, den es braucht. vor unsrer anrührung schützt er nun den prozess in der maschine. bleibt rein und unberührt das werden von der butter.

karina wir sind dann also ausgesperrt, frühzeitig ausgeschieden aus diesem produktionsprozess.

adi die butter an sich ist denen oben scheißegal. was die interessiert, ist nur die beute, die butterausbeute. aber irgendwann wird auch der butterstrom herausbrechen aus seiner eingefahrenen bahn und wuchert raus, bis alles drei daumen dick mit butter dann bestrichen ist.

karina und wir nurmehr das gleiten auf der oberfläche von der butter.

///

adi kannst was für dich behalten?

karina in mir ist schon nicht wenig geheimnis verschwunden.

adi schwörst drauf, dass alle butter ranzig wird hier drinnen, wennst nur ein wort verlierst?

karina ich leist hiermit den butterschwur.

adi mir ist es butterernst.

/

karina ich schwör bei all der butter, dass das, was du mir sagst, mit einem mal in mir verschwindet und nie herauf ans tageslicht mehr findet.

//

adi hinten, wo die butter vom fertiger in die formmaschine rüberfließt, gibts einen kleinen hahn zur entnahme für die butterprüfung. nur wird der, seitdem die neuen sensoren installiert, nicht mehr benutzt. das geht auch automatisch jetzt und ist damit dem menschlichen versagen nicht unterworfen mehr. ich hol mir jeden tag ein halbes kilo butter dort und schmuggels nach der schicht hinaus an kühlen ort.

karina muss ja ein fetter patzen butter sein, den du da hamsterst.

adi genug, um eine menschengroße faust daraus zu bauen. ein denkmal wirds. in einer kühlen nacht werd ichs am parkplatz draußen aufstelln.

karina stimmts, dass dich den futterer nennen, weilst im zug die leute fütterst?

adi irgendwie muss man ja anfangen, mit einer reinen geste zu dem andren durchzudringen.

hans genau.

karina magst mich auch mal füttern?

huber wie rührselig.

adi klar.

hans jetzt fällt sie nieder auf die knie vor ihm.

karina jetzt?

hans ist eine szene wie aus hollywood.

huber das trieft vor schmalz.

hans mach langsam, huber, die findet noch gefallen dran.

huber aufs gröbste nutzt er da das anstellungsverhältnis aus. gut, dass die kamera noch an war, von dem werbefilm.

hans hast ihm nicht das messer heute angesetzt, wegen dem joghurt?

huber klar, aber nutzt nichts, siehst es selber ja.

hans »wir müssen neue räume, ereignisräume schaffen, dazu brauchts solche gesten«, sagt er, der adi.

huber und in den augen drin von ihr, das sieht man auf dem standbild, leuchtet ein verständnis für den trüben ausguss von dem adi.

hans »vielleicht auch nur ein aufschäumen von so was wie veränderung.«

huber ein ändern von was?

hans das geht gegen uns, huber, gut, dass du mich sofort gerufen hast.

huber im kleinen weicht es ab ins abnormale, da keimt es in den ecken.

hans was heißt im kleinen, der adi schändet da die butter, den nährboden, auf dem unsre stadt gebaut.

/

huber wenn das der vorstand mitkriegt.

hans aufruhr ists, was die da anrührn.

huber und was, wenn sich noch mehr von denen finden. das brauch ich dir nicht sagen, hans, dass das das letzte ist, was wir brauchen in trüben zeiten hier, wie diesen.

hans und steigt der liter erst über den euro …

huber fließt keine milch mehr durch die adern von der stadt …

hans stirbt sie von innen …

huber wird das reinste weiß dann anderswo erzeugt.

hans nur da nicht, wo unsre heimat dann gewesen sein wird.

huber keine heimat, keine milch.

hans dann herrscht hier wieder unordnung.

huber und unreinheit.

hans drum heißts jetzt, huber, klaren kopf bewahren.

huber von so einem futterer adi darf die milch sich nicht ent-
strömen lassen.

hans der sonderling gehört jetzt ausgesondert.

huber das wär ja nicht der erste patzer, den wir zwei bereinigt
hätten.

die herausnahme des hobbykellers

hans wo dem recht keine gewalt, ausnahmsweise der gewalt
ihr recht, weil nur die ausnahme macht die regel. quasi aus
dem ausnahmezustand heraus entsteht das recht, weshalb
der souverän, in diesem fall jetzt ich, in seinem innersten zum
äußersten gehen muss. der rechtschaffende schafft recht und
auch gerechtigkeit nur in der herausnahme eines zustands,
einer zeit und ort enthobenen insel der gerechtigkeit, in meinem fall mein hobbykeller. wenn ich hinuntersteige mit dem
schwarzen tuch und raufsteig auf die leiter, um das bild des
bundespräsidenten zu verhüllen, dann weiß er, der keller,
dass er wieder allen rechts enthoben ist. was jetzt geschieht,
geschieht nicht mehr im recht, sondern davor, oder besser
darunter, um daraus wieder recht zu schaffen. den gerechten
wieder zu dem recht, das ihnen zusteht, zu verhelfen, steige
ich hinab, und dass sich dabei eine gewalt quasi naturgewalt
oder besser kulturgewalt entfesselt, soll mich nicht weiter
stören. im erhabenen moment der schaffung einer ordnung,
regel, des gesetzes aus dem chaos erneuert sich die staatsgewalt in ihrer ganzen herrlichkeit. jedes außen ist damit wieder auch ein innen, versucht es auch zu flüchten, im keller
wird es zur gerechtigkeit gerichtet.
jetzt könnte einer sagen, ist doch ein recht genug, was
braucht es da noch diese schreckliche gewalt. warum muss
man dem recht auf so üble art zu seinem recht verhelfen? das
sind die, die ihre augen schließen, wenn mal wo ein blut ver-
gossen, wenn wo das nackte leben aus dem kultivierten raus-

bricht. wie die verschreckten dieser welt schließ ich die augen nicht. das gute ist nicht die verleugnung eines übels, es ist ein bestimmter umgang damit. ich selber nehme mich mit einer gewalt, die mir ja selber schmerzt, heraus aus dem gesetz und fass hinein in dieses nackte fleisch und fasse fester, bis dass sich die gerechtigkeit aus ihm heraus ergießt. die ordnung dieser welt ist nicht aus papierenem gesetz, die dunkle macht dahinter, versteckter rohstoff, ein trüber fleck, wo ausnahmsweise gewalt und recht sich gleichen, dort greif ich hinein.

nur dass nicht jeder sich hier ausnehmen kann aus unserer regel, um ganz nach seiner natur zu tun und lassen, was und wies ihm passt. hier wird keine ausnahme zur regel. die ausnahme bin ich, der souverän, die legitime staatsgewalt, die sich im zwielicht meines kellers immer wieder aus dem chaos neu erschafft. daneben gibt es keine ausnahme, die nicht geregelt wird. nur wenn jetzt so ein niederes subjekt, so ein gesellschaftsteilchen, sandkorn im getriebe der gerechtigkeit, wie der adi, der futterer, glaubt, er kann sich von der regel lösen, um hier heimlich unregelmäßigkeiten unters volk zu bringen, dann muss sein körper wieder lernen, im ausnahmefall auch im hobbykeller drunten, lernen, dass es ein gesetz gibt, dass ich bin. leider lernt der körper langsam und nur durch immer wieder schmerzlichst wiederholtes. gut, dass die staatsgewalt unendlich ist. so drückt sich durch adis butterweichen leib die gerechtigkeit zurück in ihn hinein. und drückt sich damit auch ein rückgrat, ein halt, eine struktur in diese ungeformte existenz. so eine butterexistenz braucht führung, druck von außen. ich bin die formmaschine für die butterexistenzen dieser welt. und sieht er von dem ganzen drücken sterne, spürt er doch wieder das gesetz in sich. und hat so wieder seinen platz zwar noch am rand, doch wieder in der altbekannt-gesellschaftlichen ordnung sich gefunden. und auch die staatsgewalt ist wieder mal an ihm gewachsen, weil sie sich nur im äußersten vollzug aufs neue kann erschaffen. dann kann das bundesbild von seiner schwarzen verhüllung befreit und wieder er, der bundespräsident, in seiner ganzen pracht dem keller preisgegeben werden.

die schäbige alm am dach der talmilch molkerei

die karina und der adi auf den moospolstern am dach der mol-
kerei.

adi   man ist der höhensonne schon ein bisschen näher.

karina   der nebel trübt die sicht.

adi   wenns unten nichts zu schaffen gibt, ziehts mich hier rauf.

karina   am moos geht sichs hier, wie wenn keine molkerei noch
     drunter wär.

adi   und fern, wie aus dem tal, klingt der maschinenlärm.

karina   was hier zur alm noch fehlt, sind nur die kühe.

adi   dafür gibts ratten umso fetter.

karina   ich melk sie und mach rattenbutter draus.

     /// /

adi   wenn sich der überblick hier aufdrängt mir, da denk ich
     oft, was nicht der mensch sich alles aus dem nichts heraus
     erschafft.

karina   ein nichtsvernichter, dieser mensch.

adi   nur wenn man denkt dann, was am end rausschaut …

karina   da unter unsern füßen türmen sich die butterberge.

adi   eine riesen kraftverschwendung das.

karina   voll fressen sind sie, die tonnen hinterm supermarkt,
     dass davon leben könnt die ganze stadt.

adi   man lebt aus einer fremden hand und kennt nicht ihn, den
     produzenten, dem diese hand gehört.

karina   das lässt sich heute nicht mehr denken, dass man allein
     ist, ganz für sich, auf einer alm wie dieser halbalm hier, am

dach der molkerei. und lebt man nur aus eigner hand, die man ja kennt.

adi und würd die butter selber formen wie sein leben.

karina wär eine bessere butter als der unberührte würfel aus dem kühlregal.

adi es herrscht kein wissen mehr vom wesen von den dingen und was in ihnen, in den dingen wohnt.

karina müssten nur ein stück entrücken sich die dinge, so dass der ort zu sich kommt.

adi und aus den dingen wie den menschen könnt eine verborgene kraft dann wieder brechen, die neue räume, lebensräume, überlebensräume, formt zwischen den menschen.

karina wenn die leute auf was stoßen, was sie nicht kennen, dann schaun sie plötzlich auf, erkennen dann den andren erst.

adi ein klarer moment.

karina mit der butterfaust wirds dasselbe sein. wenn sich die leut erst wieder sehen können.

adi könnt eine neue gemeinschaft wieder sein.

karina lass uns gemeinsam an dem butterdenkmal bauen. und gibt noch andere bestimmt, die sich dann über so ein zeichen finden.

adi sind viele, die da warten auf den anfang von was neuem.

das fleisch der prinzessin

kurz vor molkereischichtende steht die reste meistens leer, doch in erwartung großen ansturms dürstender. da kommt die jenny oft ins denken.

jenny und wie sie da lag, also nurmehr der leib. in einem meer aus blech. lag sie, also er, der leib, lag da. blutend. aufgebrochen, das auto und er, der leib. wie durch ein stück butter fuhr er, der pfeiler aus beton, durch blech und leib. und hat sie, also er der leib, hat sie die ganze pracht – schon längst war die woanders, aber nicht mehr in dem leib.
nur das muss man sich doppelt vorstellen. weil es gibt den körper der prinzessin und die prinzessin selbst, und die war da schon längst weg aus ihm, dem körper, als das foto, das keiner sehen wollte, aber sehen musste, also als das foto entstand. und das beweist ja nur, dass da was ist, weil es ja kein foto von der prinzessin war, sondern nur ein foto von dem körper der prinzessin. also wenn sie weg ist und nurmehr er, der leib, dann muss sie doch woanders sein, die prinzessin. also gibt es da ja was – vielleicht.
/
und als ich das foto von dem toten fleisch, in dem einmal sie, die prinzessin, war, gesehen hab, ists mir drinnen in mir, in meinem fleisch, ganz anders geworden. ja, ein schock. das kann man sagen, dass das ein schock für mich gewesen ist. und mit dem schock ist aber nicht das sinnlose in mich gekommen. sondern gerade das gegenteil, da haben sich in mir, also in meinem fleisch, haben sich fragen aufgetan.

34

wie ich ein kind war, da hat ja auch in meinem leib immer eine prinzessin gewohnt. immer mit krönchen und allem. hat da lang in mir gelebt. und jetzt? ist die prinzessin in mir auch gegen die wand gefahrn? und warum hab ichs nicht mitbekommen?

wenn ich nach der sperrstund meinen rausch nach hause trag, da gibt es noch den nachtfilm, der mein fleisch mit dem sofastoff verwachsen lässt, bis dass ich schlaf. obwohl die handlung von dem nachtfilm in der trübheit von dem rausch verloren geht, wein ich oft den ganzen vormittag, weil der körper merkt sich das, wenn man von einem gefühl gerührt erst, berührt im inneren:

die bringt kein rausch nicht raus aus deinem leib, die rührung.

das, was die prinzessin in mir hat gegen die wand gejagt, das fühl ich noch. auch wenn ich nichts mehr davon weiß, wie von der handlung von dem nachtfilm. und fühl mit einem bauchgefühl, weil zwischen dem wissen und dem fühlen liegt es, das bauchgefühl, dass da was war, was mich und die prinzessin, die in meinem fleisch gewohnt, für immer voneinander hat getrennt.

fühl nur die folgen noch von diesem unfall, damals, da in mir. nur was ihn ausgelöst hat, weiß ich nicht. vielleicht ein sehen. vielleicht auch ein erkennen. vielleicht hab ich, oder die prinzessin in mir, etwas über mich erfahren, wonach die andern ewig suchen. und hat das fleisch zurückgelassen.

hat den prinzessinlosen rest fleisch in dieser bahnhofsreste hier zurückgelassen. und ist gegen die wand geknallt.

die gemeinschaft der gewalttätigen

*der hans und der huber im stechschritt zur tür herein und direkt
an die theke zu der jenny.*

hans abend, jenny! zwei klare für den huber und für mich, weil
muss sich alles klären, was heut früh noch trüb gewesen ist!

huber grüß dich, jenny! schaust aber auch ein bisschen mil-
chig.

jenny das kommt vom denken.

hans dann schenk dir auch vom klaren ein, der geht auf mich,
wird dir die schärfe dann die milchigkeit schon wieder raus-
treiben.

jenny mit kindern soll ers dir vergelten, der liebe gott.

hans nur das nicht.

huber man weiß ja nie, wos einen trifft.

jenny wer so viel rahm verschüttet wie der hans, sollt sich nicht
wundern, wenn wo mal ein kleines …

hans schluss jetzt! wir trinken auf die klärung von allem, was
noch unklar ist!

huber wenn ein unrecht erst mal klar ersichtlich ist, kann man
an eine klärung sich dann wagen.

jenny ihr klingt so tatbereit, ist was passiert?

hans was ich als unregelmäßigkeit erkannt und auch benannt,
hat nun die reifung zum unrecht durchgemacht, jetzt
braucht es eine starke hand.

huber die sich nicht scheut, ins trübste reinzufassen.

jenny gehts um den futterer, den adi wieder?

hans nicht nur.

huber die haben sich gefunden, er …

hans und die karina …

huber weißt eh, die …

jenny was die? die ist mir eh ein dorn im aug, wenn ich da raus-schau aus dem fenster auf die bahnsteig. wie die mit einer jugendlichen lässigkeit da in der gegend hängt.

hans die glaubt, dass so ein widerstand auch ohne strom schon etwas ist.

jenny nur gegen den geldstrom von den so verhassten eltern zeigt sie keinen widerstand.

hans beim nachwuchs darf an ordnung man nicht sparen.

huber wenn sich wo drüben in der trinkmilchhalle ein widerstand im milchstrom zeigt, dann wird der auf dem schnellsten weg behoben.

hans damit ein widerstandsloses fließen wieder walten kann, ein strömen und ein funktionieren.

jenny in der milchwirtschaft, da herrschen halt noch klare verhältnisse.

huber im umgang mit so trüber flüssigkeit, da darf man nur ja die klarheit nicht verliern.

/

hans beim menschen ists nicht anders.

/

jenny das wollt ich auch grad sagen, weil eure molker tragen ja den trübsinn, der von der milch auf sie hinüberschwappt, nach ihrer schicht zu mir herüber. wenn ich nicht da im umgang mit den milchschichtlern klarheit und schärfe auftragen würd, dann würds hier anders aussehen.

hans drum müssen jetzt auch wir mal klare fronten schaffen.

huber der adi muss das lernen, dass das kein umgang ist mit uns.

jenny ich hab gelernt, dass man nur lernt, wenns einen tief im innern trifft.

hans drum hab ich in der schul nix mitkriegt, weils mich halt nicht troffen hat.

huber der adi muss heut noch getroffen werden, wos ihm weh tut.

hans wer weiß, verhärtet sich ihr übler vorsatz, dann sinds wir morgen, die blöd schaun.

/

huber ich hab da was.

hans der huber, der alte werbefux, der hat auch immer noch was in der hinterhand.

huber ich will nur keine fragen hörn von euch, wie ich zu so was komm.

jenny jetzt zeig schon her.

huber das ist ein auszug aus der butter. aus dem gelben patzen fett wird nur das klare rausgezogen. die reine trägheit, bitter, salzig, sauer, in einem klaren wässerchen, das dann in solche braunen fläschchen abgefüllt und tropfenweis verabreicht wird. gammabuttersäure heißt der stoff.

jenny wennst einen fetzen haben willst hier drin, dann nur aus meiner hand. mit dem zeug kannst dich zu hause wegtun.

huber nicht ich werd weggetan. zwei tropfen von dem liquid extasy tut sich die jugend in die drinks, damit sie high und tanzgeil wird. bei fünf, da hat die ohnmacht dich.

hans als ohnmächtige sind mir die leut am liebsten.

huber fünf tropfen in ein stamperl anisschnaps, der überdeckt die tropfen mit geschmack und schärfe.

jenny darf ich den trank serviern dann?

hans ich füll die meinige daheim oft ab, da muss sie saufen, bis sie nicht mehr kann. und wenn sie dann sich nicht mehr rührt, halbkomatös in meinen armen liegt. sie ist mir dann zur gänze anvertraut, da zeigt sichs erst, wie groß die liebe ist.

jenny ich sag ihnen, der geht aufs haus und dass ichs ihnen übelnehm, wenn sies nicht annehmen.

hans wenn sie erst ohne macht sind, wird sich die unsre um so größer dann an ihnen zeigen.

huber und kurz darauf wird eine trübheit, die versteckt im klaren lag, sie überkommen.

hans dann sind sie ganz in unsrer hand.

jenny von meiner hand in ihre köpfe schwappt dann die trübheit rüber.

huber man könnt, nicht dass ich das schon mal getan, die gelegenheit auch nutzen …

jenny als würd ich ihnen direkt in die köpfe fassen und kräftig umrührn.

hans und bräuchten nur die hand zusammendrücken und zerquetschen sie.

huber unsauber ist sie ja nicht grad, die karina.

jenny willenlos und schön. prinzessinloser leib.

huber das reinste weiß zeigt sich erst im verunreinigungsmoment.

hans aus schlechter milch wird schlechte butter.

///

karina und adi in einer ecke der reste.

jenny dass ihr auch mal zu mir herein da in die reste gefunden habts, schön. man kennt euch ja.

karina das würd mich interessiern, woher wir zwei uns kennen sollen.

jenny vom sehen. ich sitz halt hier herinnen. und wenn wer so wie du mal gern am bahnsteig rumhängt.

karina das geht dich gar nichts an, wie ich mir meine zeit vertreib.

jenny da hat man dich halt schon das eine oder andre mal gesehn.

adi bist ja bekannt dafür, dass deinem auge nichts entgeht.

//

jenny na gut, heut wolln wir einmal nicht so sein. und was uns
grad noch so betrübt, wird schnell mit einem klaren wegge-
spült.

karina ich würd ...

jenny kein widerstand, der geht aufs haus, das heißt auf mich.

die jenny hin zur theke um den präparierten klaren.

///

karina die alte spinnt.

adi die ist mir ungeheuer.

karina wenn eine in so einem loch tag ein, tag aus die löcher
abfüllt.

adi kann sein, dass da auch eine leere hängen bleibt an ihr.

karina eigentlich tut sie mir leid.

adi dann wolln wir auch mal nicht so sein.

jenny zurück mit dem klaren.

jenny und jetzt wird angestoßen drauf, dass ich euch hier noch
öfters seh.

///

hans ja, da schau her.

huber das junge liebespaar.

hans ist wirklich eine freud, euch anzuschaun.

huber da schmilzt mein herz wie butter in der sonne.

adi wollts nicht eure blöden sprüch wem andern unter die nase
reiben.

hans wir wollen, was wir wollen, das geht dich gar nix an.

huber sie, adi, ein sauberes mädel habens da.

hans fast zu schad für so einen futterer adi.

karina vom adi geht kein schaden aus, für niemanden.

huber sie, adi, sie müssen ein bisschen aufpassen auf ihr mädel!

jenny die ist ja käsebleich.

adi ist alles klar bei dir? karina?

hans und auch der adi atmet schon ein bisschen schwer.

huber was ist denn das?

hans hm.

huber sie, adi, was ist da los?

jenny hm ha.

hans da stimmt doch irgendetwas nicht?

huber hm.

jenny das geht doch nicht mit rechten dingen zu?

die sprache zerfließt.

– hm

– hm

– hmha

– hm

– hm

– ha

– hmhahm

– ha

– hmha

– hm

– aha

– mhm

– hm

– hm

– aaah aha

– m

– hm

– ha

– hm

– ha

– hm

– hm

– hmha

– ha hm haha

– hm

– hmhahm

– hmmmmmmmmmmmmmmmmmmmmmmmmmmmmmm
mmmmmmmmm

das rattern eines vorbeirauschenden zuges bringt alles ins wan-
ken, das unmerkliche vibrieren der dinge macht das reale und
das imaginäre ununterscheidbar, ein schwellenzustand, der
buttertraum – eine froschparabel.

– ein surren,

– ein summen ists,

– ja, ein summen ists, was es, das grüne zwischending hinein-
lockt,

– ins weiß verfliese innere.

– und in dem raum da leuchtets,

– das grüne ding, das kein zuhause kennt,

– im wasser nicht wie auf dem land.

– da leuchtets noch viel grüner jetzt

– und rutscht die grüne flosse bei jedem sprung nach hinten
weg auf dieser glatten oberfläche.

– es hätt schon umgedreht,

– wenn nicht das summen schmackhaft diesen raum

– ganz ausgefüllt hätt jetzt,

– umgeben von dem weißen mückensummen.

– nein, größer,

– fliegensummen.

– fressgeil
– treibts rein jetzt das amphibienvieh.
– in diesen für das leben,
– für die natur verbotnen raum.
/
– das weiß er auch, der frosch, dass er hier nichts zu suchen
hat,
– dass alles leben hier ein ende, eine grenze hat.
– nur trifft das summen,
– trifft in ihm drinnen,
– im grünen froschinneren,
– den instinkt,
– der sich nicht abstellen lässt jetzt und
– muss muss muss der grüne hüpfer
– noch tiefer in das weißverflieste.
– und hinter ihm, dem frosch, springts noch mal grüner hinterher,
– das ist die froschin,
– die ihn nicht von der seite lässt. und hinterher
– muss muss muss auch sie dem summen nach.
– so springens jetzt die beiden tollpatschig durch die unnatur
– und immer schneller treibt die fresslust sie
– und fliese um fliese, sprung um sprung.
– fliese, sprung, fliese, sprung,
– bis plötzlich nichts mehr
– unter ihren grünen flossenfüßen.
– den grund verloren.
//
– da stürzen sie, die beiden.
– die grünen köpfe auf die weißen stufen
– hört man knallen jetzt,

– einmal.

/

– zweimal.

/

– dann

– ein langer sturz.

/

– gefolgt von einem gelblichweißen platschen.

///

– dann lange nichts.

– zwei grüne fleck auf einem meer aus rahm, als sich der frosch

– und seine froschin gefangen wieder haben.

– und merken, in welch köstlich dickem trank sie da gelandet sind.

– da schlagen ihre grünen herzen höher,

– und ihre langen zungen fahren in die trüben tiefen von dem rahm.

/

– so satt wie nie sind sie, der frosch und seine froschin jetzt.

– da wird er, der frosch, sich erst des weißverfliesten wiederum gewahr

– und dass es hier kein leben

– lang im innern aushält.

– doch an jedem ufer von dem rahmmeer

– eine stahlwand,

– an der die beinchen von den beiden grünen

– keinen halt mehr finden.

– da macht sich die verzweiflung breit im frosch

– und seiner froschin.

– und wetzen an der stahlwand,

– wetzen um ihr leben,
– bis ausgelaugt sie auf der oberfläche treiben,
– der weißlichgelben.
– zwei grüne fleck
– auf einem meer aus rahm.
– da stammelt sie,
– die froschin,
– »mich hat das weiß in mir ganz träg gemacht!
– ich kann nicht mehr!«
– verzweifelt klammert sich der frosch an sie,
– nur ist kein halt
– an ihr,
– nur butterfilm,
– war da die froschin schon verschlungen von dem rahm.
//
– und grüne wut
– wütend in ihm, dem frosch,
– tritt er hinein ins weißlich gelbe jetzt,
– blind vor ihr, der grünen wut.
– und immer fester und fester
– tritt er, der frosch.
– und kannt kein aufhörn mehr
– sie, die bewegung,
– die einmal in gang gebrachte,
– wie ein rührwerk
– war sie und um die flossenfüß von ihm,
– dem frosch, herum
– da wirbelt es den rahm
– bis sich das fettestfette drin zu klumpen beginnt
– und weiter tritt er,
– ganz vergessen hat er sich

– in der bewegung
– und wird der rahm zu schlag
– und der schlag zu butter
– und die butter zu einer treppe
– bis an den rand
– von der wanne aus stahl hinauf.
– da stand er nun, der frosch, das grüne zwischenwesen,
– halbtot, aber frei.
– und wollt schon zum sprung ansetzen
– über den rand hinaus,
– blickt einmal noch zurück, der frosch.
– und sieht am boden von der wanne
– die froschin, aufgedunsen von dem rahm.
– da tritt er weiter,
– er, der frosch, und tritt und tritt und tritt …
– bis dass die buttertreppe schmilzt
– und immer heißer wird die butter,
– und seine flossen an der stahlwand schaben jetzt,
– doch immer noch nicht hört er auf zu treten,
– und heiß und heißer wirds von dieser reibung jetzt.
– und bricht heraus die energie,
– die in der butter drin verborgen lag.
– und brennt schon auf der haut, der grünen,
– die blasen wirft, sich löst von ihm,
– dem frosch.
/
– und in dem heißen butterfett,
/
– sie schmoren jetzt.
/
– der frosch

– und seine froschin.
//
– und die bewegung von dem frosch,
– nur ein zucken ist sie mehr.
/
– ein reflex.
– das grün vergilbt.
– braune kruste.
//
– froschhautkrustenbraun.
///
– das ist das ende von dem frosch
/
– und seiner froschin.
/
black.

böses erwachen

adi erwacht in der leeren reste, im licht der theke sitzt die jenny, eine zigarette rauchend.

jenny so ein erwachen ist was böses.
adi /
jenny nur dass das erwachen zu dem mensch gehört.
adi mein kopf ist butter.
jenny ich bin schon längst erwacht, weil sich das träumen nicht mehr halten konnt an mir. eine überdosis wirklichkeit und bamm, bist du erwacht und wirst so schnell nicht wieder anfangen zu träumen.
adi was ist passiert?
jenny kannst froh sein, dass du überhaupt noch bist! das gammabutterwässerchen vom huber, wenn man es falsch dosiert, schießt schnell mal übers ziel hinaus.
adi wo ist die karina?
jenny was die leute glauben, ist, dass ich hier ihnen etwas verkaufe, nämlich einen rausch, den sie dann voller stolz nach hause tragen und ihrer alten unter die nase reiben können. im prinzip ist das ja richtig, ist ja meine hand, von der sie ihren klaren kriegen.
adi was passiert ist, hab ich gefragt?
jenny nur warum sie wieder her zu mir und immer wieder zurück in meine reste rasten kommen, ist, weil ich etwas abschöpf, ich abschöpferin. rausschöpf ich aus trübem inneren: ihr problem.

adi warum lieg ich allein hier drinnen auf dem boden?

jenny und jeder denkt natürlich, er hat das größte problem, und würden sich am liebsten alle gleich auf die schienen legen draußen. bis ihnen eine, die den problemüberblick hat, sagt, also ich, sagt, dass das alles nicht so schlimm ist, wenn sie nur ja noch einen klaren sich bestelln.

adi versucht, aufzustehn.

adi wo ist sie?

jenny ihr wart so ein problem und auch kein größeres als andre. das kannst mir glauben.

der adi kippt wieder zusammen, derweil der huber aufgelöst zur tür herein, mit blut am hosenschlitz.

da kommt schon wieder ein problem.

huber hast einen fetzen.

jenny der adi hat noch einen fetzen, von dem butterwasserl.

huber einen fetzen und bisschen von dem klaren brauch ich. mich hat da etwas angepatzt.

huber versucht sich den fleck von der hose zu wischen.

jenny wo ist der kameradschaftsrest?

huber der hans, das kameradenschwein, ist mir jetzt scheißegal.

jenny ist an so feinem mädchen die kameradschaft schon zerbrochen?

huber das war ein reiner, glasklarer, ein authentischer moment, den hätt der hans mir lassen müssen. da hat sich kein widerstand gezeigt in ihr mehr, die ist ganz handzahm, butterweich ist die karina mir da in der hand gelegen.

jenny warts beim hans im hobbykeller unten?

huber sie hat geweint, und ich hab geweint. warn echte, heiße tränen. wie heiße butter sind uns die tränen aus den augen rausgeschossen. und intensive ströme sind widerstandslos durch uns hindurch. angst und schmerz. ganz nah.

jenny jetzt gehts wohl durch mit dir.

adi was habt ihr angestellt mit ihr?

huber halts maul. da war schon eine ordnung, meine ordnung
dann in ihr, aber der hans konnt nicht mehr ruhe geben.
musst auch noch seine gewalt an ihr, der karina, ausprobie-
ren. als gäb es nur eine ordnung, die aus einer gewalt heraus
entspringt.

auch ein miteinander wie zwischen mir und der karina kann
eine ordnung schaffen. hätt halt im keller vielleicht bleiben
müssen und warten da auf mich, dass ich mich wieder mit
meiner ordnung in sie reinergieße.

adi du dreckschwein.

huber sie, adi, sie sind mal lieber still, weil sie haben uns erst
mit ihrer unregelmäßigkeit in diese missliche lage versetzt.

adi wo ist sie jetzt?

huber das hat sie, adi, nicht mehr zu kümmern jetzt, das wurd
auf höherer ebene schon geregelt. das alles, nur um sie, adi,
wieder in den rechten strom zu schubsen. also lassen sie sich
das mal eine lehre sein, wenns weh tut, wirkts vielleicht
schon.

adi spucks aus, aus deiner kantigkeit.

huber die karina war nicht mehr zu brauchen, als der hans fertig war mit ihr.

adi was soll das heißen?

huber da meint der hans, dass solche butterexistenzen zu der
butter gehörn.

adi und hör noch, wie er sagt:

huber in der butter ist sie jetzt, das rührwerk hat sie schnell er-
fasst und tief ins innere gerissen, ins innerst innere der butter.

adi da liegt er schon, der huber unter mir, am boden von der
reste, und weint schon wieder dieser weichling. mein knie auf

seinem brustkorb ihm die restenluft knapp werden lässt. da
schreit die jenny:

jenny hinaus mit euch. bei mir herinnen gibts kein fetzen.

adi ein schlag genügt, dass sie nach hinten auf die theke knallt.

und vorne aus den stielaugen von ihr, für die die jenny so
berühmt im ganzen tal, am weiß vom apfel, da ergießt ein
kleines rinnsal rot sich aus dem jennykopf heraus. und
möcht jetzt auch der huber noch mal aufreißen das maul und
will sich noch mal mit seiner rede definieren er, der huber. da
wischt ein schlag ihm auch den letzten rest kantigkeit aus seinem fetten, fettumschmierten gesicht. und schlag um schlag
schält sich das huberangesicht vom schädel, wie ranzig, ranzig rote butter. zerfließen sie, die beiden körper jetzt am res-
tenboden.

///

zur talmilch rüber.

/

wie schwarze butter dringt die nacht durch meine poren.
was ragt da aus dem butter-ich? phantomschmerz, wo nie
was war. als müsste da noch mehr in mir, da in der butter,
doch nichts, nur erstarrung, todeszone.

///

rein ins weißverflieste innere. ein rohr, das da am fliesenboden liegt, fährt, wie zuvor die faust durchs huberantlitz, auf
die maschinen nieder drin im butterwerk, schlag um schlag,
bis dass der tank aufbricht, und aus dem innern wuchert sie
die butter, bricht heraus ans neonlicht. ist ganz entfesselte
naturgewalt. und trägt heraus jetzt aus dem stahlsarg sie, die
karina, die ganz butter ist.

vom abgrund hinter schmierigen fassaden

der huber mit verlorenem gesicht.

huber wenn in der pause zwischen zwei runden sich ein schwer-
gewicht, im angstschweiße seines angesichts, in eine ecke von
dem ring fallen lässt, da schmiert der trainer neben schmie-
rigen reden ihm kokosbutter ins gesicht. cremt um die
schwielen auf den wangen ihm das süße fett, damit er dann
für eine weitere runde sein angesicht dem andren gegenüber
wahren kann.
die wahrung der fassaden, das war früher mein geschäft. ein
reines außen, weiße oberfläche, das ists, was sich verkauft.
die menschen lechzen nach den schmierig glatten oberflächen, sind sich schon abgrund selbst genug.
nur wenn einer, so wie ich, den lieben langen tag sich einer
oberflächenvermarktung widmet, dann sucht er in der frei-
zeit gerne mal den trüben abgrund. sucht ein ereignis, das
sich tief durch diese oberflächen, die vorgeschützt verloge-
nen angesichter gräbt.

untotes potential

adi und karina auf der schäbigen alm am dach der talmilch molkerei.

adi und presst sich raus die butter aus der talmilch molkerei, wie wenn sie eine tube wär, die man zu fest gedrückt.

karina was ist passiert?

adi habs nicht verhindern können, hab mir stattdessen selber die hände schmutzig gemacht.

karina bin ich …

adi ja, bist nur mehr butter jetzt.

karina bin also nur mehr der mehrwert meines lebens, den du noch abschöpfen hast können. kurz war da noch ein leben vor dem tod, dann wieder unleben wie zuvor.

adi und haben sich zum schluss mal wieder alle möglichkeiten in ein zwingend erzwungenes ereignis reingestürzt. hat sich die natur aus mir heraus zu ihrem recht verholfen. kein hoffen mehr auf neue räume, sondern überhaupt kein raum, nur unraum mehr.

karina möglichkeiten sterben nicht, sind untote wie ich.

adi gewalt ist ein naturprodukt. das ists, was diese ordnung uns verdeckt, indem sie ein vorrecht einräumt für die oberen, zu laben sich an der gewalt, die unter ihr, der oberfläche von der ordnung, brodelt. nur bricht von zeit zu zeit heraus eine naturgewalt. hat ihren anfang da in mir gefunden und wuchert jetzt von da aus in die stadt. denn ewige vergängnis ist der rhythmus der natur zum glück.

im angesicht des todes

der huber mit verlorenem gesicht.

huber ich bin nicht mehr. und denk doch noch. da hat die philosophie sich schwer getäuscht an mir. kein »also« mehr, nur ein »als ob«: als ob ich sei. denk weiter ohne einem sein dahinter. bin die leerstelle eines denkens ohne dieses drumherum, das man gemeinhin leben nennt. doch kanns nicht sein lassen, an das gewesene zu denken. verwesend ranzige gedanken.

hab mein gesicht, mein leben lang, nie hab ich mein gesicht verloren. die kantigkeit von meinem angesicht, das war das kapital von mir. weil so ein angesicht mit einer solchen kantigkeit darin, das hängt sich jede firma gern ins schaufenster hinein. doch da im angesicht des todes, als dieser adi über mich herfiel, hab ich mein eignes angesicht verlorn. in dem moment, der ewig währt jetzt, hat sich das angesicht, das ganz meine erscheinung war, gelöst von meinem kopf. das hängt sich keiner nirgends hin mehr jetzt, hat seine kantigkeit verloren.

im angesicht erscheint der mensch, sich selbst und anderen. da drückt das sein sich aus in einem schein. und drückt sich auch das selbst, das da dahinterliegt, hinein in billige grimassen. der trübe abgrund, der wir sind, lügt sich hinein in so ein lächeln da im angesicht. in ihm erscheint das sein ganz unscheinbar.

/

scharfkantig wie ein buttermesser in die butter, bin ich reingefahren in die menschen. gestochert hab ich da in diesem
abgrund, bis manchmal, wenn ich glück gehabt, reine klarheit eines augenblicks rausbrach. da konnt ich dann das gegenüber spürn. und keine lügen mehr, nur intensives sein.
authentizität.

und leckt die butterzunge durch die stadt

adi und karina auf der schäbigen alm am dach der talmilch mol-
kerei.

adi   schau da unten. die hoffnung wars, die in der butter lag,
hoffnung zu fließen.

karina   fließt hinaus ins zentrum von der stadt, eine lawine aus
butter.

adi   schlägt wellen, furchen.

karina   wie eine fette, weißlichgelbe made.

adi   in jedes haus frisst sich das ungetüm.

karina   dringt ein durch jede öffnung.

adi   dort, wo sie sitzen vor den endgeräten.

karina   starr und stumm.

adi   wie butterziegel.

karina   sind eh schon längst teil dieser stummen masse.

adi   der eine oder andre kämpft noch um sein leben.

karina   zieht seine glieder schmatzend aus dem trägen fett.

adi   doch zu spät,

karina   viel zu spät.

adi   und durch die nasenlöcher,

karina   wo sonst der lebensgeist sich ein- und ausatmen lässt,

adi   kriecht jetzt die buttermade in die körper.

karina   füllt aus sie ganz.

adi   nur einer noch versucht, die ordnung da in dieses butter-
chaos reinzubringen.

karina   gegen so eine entfesselte naturgewalt ist selbst der ord-
nungshüter machtlos.

adi und stemmt sich gegen gelblichweiße wülste er, der hans.

karina sein schrei verstummt, wie meiner, in der butter.

adi schluckt autos, bäume, tiere, sie, die butterwalze.

karina bis nur die dächer aus der butter ragen mehr.

adi die kirchturmglocke gibt noch einen dumpfen schlag, auch sie erstickt im fett.

karina und ist erst alles in der butter dann,

adi wird walten konservierender dornröschenschlaf.

karina totale trägheit.

adi bis zum nächsten klaren tag.

karina an dem die butter wieder fließen lernt.

adi der nebel lichtet sich, damit sie wieder wirken kann vom himmel runter, die lang vermisste, die goldgelbe höhensonne.

karina da taut die butter weg.

adi gibt wieder alles, was da in der butter lag, frei sie, die höhensonne.

karina da lernen alle neu zu leben.

adi kehrt ein gewimmel wieder ein.

karina und gereinigt von dem fett,

adi steigt eine neue gemeinschaft aus der butter

karina fett und rosig

adi und grundlos glücklich

//

karina ich bleib sitzen hier am dach, bis dass der nebel lichtet sich. am ersten klaren tag schmelz auch ich dahin.
adi küsst karina, ihre lippen schmelzen.

adi jetzt weiß ich, was da noch geschlummert hat in mir.
black.

noch böseres erwachen

im hobbykeller.

hans hast träumt?
 /
adi was?
 ///
hans so ein erwachen ist was böses.

KEIN ENDE

.

dosenfleisch

»könnte ich ihnen sagen, was es bedeutet, dann bestünde
kein anlass, es zu tanzen.«
isadora duncan

»die welt ist alles, was der unfall ist.«
ludwig wittgenstein

»denn die gestalt der welt zerfällt.«
paulus

beate
jayne
rolf
der fernfahrer

pausen:
/   ein schlag
//   zwei schlag
/// drei schlag

§ 1 der fernfahrerprolog

fernfahrer mit einem dumpfen knall. mit einem dumpfen knall. mit einem dumpfen knall zerplatzt der fallter an der windschutzscheibe jetzt. verschmiert das körperinnre sich rotzgelb da auf dem glas. der wischer quietscht, der wischer quietscht, der wischer quietscht, weils scheibenklar schon wieder ausgegangen ist. und malt der wischer eine fallterschleimspur jetzt. zieht sich ein dünner film über die sicht.

wir sind schon da. das heißt, schon fast. ist nicht mehr weit. die landschaft gleicht sich an, an uns, das heißt, entfremdet sich. von wo wir grad gekommen sind, war uns die landschaft völlig fremd. war völlig fremd. war völlig fremd. nur sind in dieser fremden landschaft auch die fremden früchte drin, die uns den fruchtsalat erst recht exotisch schmecken lassen. und sind auch arbeitskräfte dort in dieser fremden landschaft drin, die arbeiten noch hart für wenig geld. drum fahren wir, drum fahren wir, drum fahren wir, die fremden früchte und produkte uns zu holen. um sie dort hinzubringen, wo man sichs leisten kann.

wir fahren wie von selbst, selbstfahrer wir. wo eine autobahn, da fahren wir. durch jede wildnis durch, kein fluss zu breit, kein berg zu hoch. die autobahn bahnt sich den weg, bahnt sich den weg, bahnt sich den weg, weil wo ein wille ist, ist auch ein weg. was wildnis ist, steht uns im weg, muss aus dem weg geschafft, gesprengt gar werden. und ist sie noch so wild, fährt doch die autobahn dann drüber oder drunter oder mittendurch. so macht die autobahn erfahrbar, was zuvor noch fremd gewesen ist.

der mittelstreifen weiß, der mittelstreifen weiß, der mittelstreifen weiß, ist unser einsamer begleiter. ist auch die landschaft noch so fremd, ihn kennen wir. er fährt hinaus mit uns, im ewig gleichen rhythmus der geschwindigkeit. da halten wir uns an, wenn mal das fleisch sich wieder seine schwächen gönnt, da halten wir uns an am mittelstreifen dann, wenn wir seit stunden wieder unterwegs. wie so ein faden aus dem labyrinth führt er uns sicher dann nach haus. o mittelstreifen, führ uns an, o mittelstreifen, führ uns an, o mittelstreifen, führ uns an.

da vorn teilt sich die spur, das heißt, dass wir uns jetzt entscheiden müssen. links ist die strecke weiter, doch weitestgehend sicher, rechts spart man zeit, doch keine nerven. die ladung drängt, die ladung drängt, die ladung drängt, sollt morgen früh schon abgeliefert werden. dürft man die nacht durchfahrn, wärs kein problem. ging es nach uns, ging es nach uns, ging es nach uns, das nachtfahrverbot sollt fallen, heute noch. doch so zwingt uns die zeit, den rechten weg zu nehmen.

und drücken wir das gaspedal jetzt durch, so viel wie möglich kilometer noch zu schaffen, bevor die dunkelheit zum halten uns dann zwingt. und immer schneller wird der wagen jetzt, dass unser körper wippt im stoßgedämpften sitz. und auch der wunderbaum baumelt nun schon, und trotzdem schneller fahren wir. sie kennt keine beschränkung mehr, unsre geschwindigkeit. und schneller, schneller, schneller.

bis plötzlich wie aus dem nichts ein fleischnebel. verstellt völlig die sicht uns. liegt da ein umgekippter lastkraftwagen, einer von uns, im straßengraben drin. die ladung hat sich selbst entladen, verteilt da auf der autobahn, ein meer aus dosenfleisch. und platzen die konserven jetzt mit jedem kraftfahrzeug, das drüberrollt. sie platzen auf und sprühen ihre füllung in die luft. fleischdunst, der sich jetzt auf die scheibe legt. hilft alles wischen nicht. hilft alles wischen nicht. hilft alles wischen nicht.

wir werden halten müssen.

§ 2 eine letztversicherung, die gibt es nicht

*in beates raststation. rolf steht am fenster und beobachtet die
autobahn. aus dem radio konservensound.*

rolf es häuft der unfall sich in letzter zeit hier.

beate weil ein gewimmel unten herrscht, mich wunderts nur,
dass nicht noch mehr passiert.

/

rolf die leuchten von den autos ziehen streifen in der nacht.

beate das kommt von der geschwindigkeit.

rolf verwischt die punkte in der landschaft.

beate den leuten wird oft schwindelig davon, dann steigen sie
bei mir hier aus mit einer übelkeit. die kinder trifft es meist
am schlimmsten.

/

rolf man überblickt die strecke ganz, die man im volksmund
todeszone nennt.

beate an manchen tagen liegt so eine spannung überm tal, da
weiß ich schon, bald ists so weit, bald knallt es unten wieder.

rolf und jetzt?

/

beate noch nicht.

rolf dort hinten, wo die autobahn ein knie macht: 13. november. familie k. im kleinbus, der viermal überschlug sich, hat
keiner überlebt von der familie k. und da, gleich bei der auffahrt hier herauf, vera p., schülerin, ihr allererstes auto kam
in einer lauen juninacht von seiner spur ab, veras körper war

nicht angeschnallt, die überreste wurden in zehn kleinen kisten abgeführt. und dort, wo auch die planke noch ein loch hat, muss im august christian f. sich in die böschung reingegraben haben, der notarzt konnte nichts mehr tun.

beate sind sie der neue von der straßensicherheit?

rolf von der versicherung bin ich. hab bilder schon gesehen, von jedem unfall hier.

beate nur, dass die bilder halt nicht schreien.

rolf hört man die schreie bis hier rauf?

beate sie dringen einem durch und durch.

　　//

rolf auch die beste versicherung schützt vor dem unfall nicht.

beate sind wetten auf das ableben von menschen.

rolf was manche leute glauben, ist, dass wenn man erst versichert, dass einem das die sicherheit auch bringt.

beate eine letztversicherung, die gibt es nicht.

rolf im großen maßstab lässt sich heute alles schon berechnen. versucht zu lindern man den schmerz des einzelschicksals so.

beate im ende sind wir alle unfälle, mehr nicht. zufälligkeiten.

rolf wird schwierig nur, von zufall noch zu sprechen, wenn erst der unfall zum normalfall wird, wie hier.

beate was wollns damit sagen jetzt?

rolf nur weil es keine sicherheiten gibt, heißts nicht, dass s keine muster, verborgene strukturen geben könnt, die auf was anderes verweisen noch. wenn einer so wie ich den blick von oben auf die massen drauf hat, dann sieht er auch die spuren, die sich verteilen, häufen, nur warten drauf, dass man sie liest.

beate und müssen sie drum hier um diese uhrzeit noch für die versicherung die autobahn beobachten?

rolf mit der versicherung hat das hier nichts zu tun.

beate was denn?

rolf ist ein privates interesse, das mich treibt.

beate das würd mich intressiern, was sie da intressiert, privat.

rolf wär ihnen dankbar, wenn sie diesem interesse mit ihren fragen nicht im weg mehr stehen könnten.

//

beate wär das gespräch verunfallt dann?

rolf /

beate hier ist kein ort und keine zeit. hier rastet man im nirgendwo.

rolf /

beate das alles hier ist eine nische nur in raum und zeit, ein durchgang.

rolf /

beate zwischen der ausfahrt und der auffahrt liegts, dieses dazwischen, das keine ankunft kennt. wer hier hält, um aufzutanken sich, der ist noch immer unterwegs. vertritt die füße sich, kommt doch nicht an. das ankommen, das einen-ort-und-eine-zeit-sich-finden, wohnt anderswo, nur hier nicht. und auf den rücksitzen, dort, wo die kinder sitzen, fragts aus diesen kindermündern dann heraus: sind wir schon da? drauf sagen sie, die eltern, nur: das ist kein da und auch kein schon, das ist die raststation, mehr nicht.

rolf ich bitte sie! sie sehen doch, dass ich mich konzentriere hier.

///

beate gibt nur verderben ohne zeit und ort hier. die würste auf dem rost sind längst verdorben, immer schon, die fliegen an der scheibe sind längst gestorben, immer schon, und ich, naja, sehns mich doch an ... auch immer schon.

nur manchmal, wenn der wind sich dreht, weht bisschen von der welt herüber, da duftet es nach einer zeit und einem ort hier.

rolf /

beate dann wieder nichts. für eine ewigkeit.

rolf wieso erzählen sie mir das?

beate sie sind seit einer stunde da.

rolf ja und?

jayne betritt die tanke.

§ 3 von grenzenloser unverdelltheit

jayne da steigt sie ein. sie fügt den körper, ihren, ein, fügt ihn
hinein in diesen sportsitz. da gleitet sie hinein in die karosserie. stromlinienförmig, strömt durch die nacht sie. kein
wirbel bildet sich in dieser lauen nachtluft weder an leib noch
karosserie. so windig schlüpft sie durch die nacht. als wär das
leben nur ein gleiten, eine lamelle, die da über glatte oberflächen flieht. sie fügt der form sich, die der blick der kamera
ihr immer wiedergibt. auch dieser blick, der da im kamera-
gehäuse wohnt, er gleitet hoch an ihr. der körper darf dem
strömen und dem gleiten nicht zuwider sein. wenn sich der
blick an einer delle fängt, hört sich das gleiten auf. der del-
lenlose körper lässt sich sehn, was nicht zu sehen ist, bleibt
abseits, wo man es nicht sieht. all die verdellten körper solln
mal lieber auf den sofas vor den fernsehschirmen bleiben,
solln lieber augen machen, wenn sie so etwas unverdelltes
sehn wie mich, denkts in dem unverdellten körper drin, der
da jetzt durch die nacht strömt, makellos, in diesem hauch
von einem auto.
jaynes und beates blicke streifen sich.
/
beate trifft man halt selten hier, so einen gast von dauer.
rolf obs glauben oder nicht, die durchschnittsdauer eines rast-
stättenbesuchs, zieht man die reinen pinkelpausen ab, liegt
hierzuland bei einer stunde zehn.
beate das reine pinkeln ist halt gift für das geschäft. s ist keine
öffentliche bedürfnisanstalt hier.

rolf mit den bedürfnissen fängt doch so ein geschäft erst an.

beate mir wärs nur recht, wenn so ein drang verwertbar wär.

rolf wenn beispielsweise so ein sicherheitsbedürfnis erst mal wohnt im menschen, hat der versicherer dann leichtes spiel.

beate und wenn so ein verlangen fehlt?

rolf muss man den kunden bei den ängsten packen.

beate wer dringend muss, soll sein bedürfnis hier entwerten.

rolf so lässt mans laufen, das geschäft.

beate muss nurmehr was passieren hier.

rolf ich kann sie jedenfalls versichern, dass mit der allerhöchsten wahrscheinlichkeit heut nacht noch etwas eintritt.

beate dort unten, rechte fahrspur, fahrtrichtung südsüdwest wird es geschehen.

§ 4 vom gefühlsstau

fernfahrer es spürt der körper die geschwindigkeit, es spürt der körper die geschwindigkeit, es spürt der körper die geschwindigkeit, erst wenn sie nicht mehr ist. hält auch der wagen an, der körper will noch weiterfahren. der körper will nach hause fahrn zu frau und kind, weil träg eine beharrlichkeit da in dem körper wohnt, wenn er erst mal in gleichförmige bewegung ist versetzt. das ist was physikalisches. der körper, unsrer, ist halt leider anfällig fürs physikalische.
und durchs abrupte anhalten, zu dem wir jetzt gezwungen sind, durch diese unterbrechung unsrer fahrt, bildet sich in uns drin ein drang, ein innerer bewegungszustand, der weiter will, doch nicht befriedigt wird. das weiterwollen und nicht weiterkönnen, das ist der grund für diesen stau, gefühlsstau in uns drin. und könnten längst zu hause sein, wenn nicht die nacht hereingebrochen wär, was uns zum zeitabhocken hier an dieser tanke zwingt. und in dem augenblick, und in dem augenblick, und in dem augenblick, da könnten wir die unsrige schon an den armen halten, dem gefühlsstau in uns drin schon freie fahrt in sie reinlassen. käm da drei tage kein verkehr ins stocken. doch so muss man noch mal die illustrierte unterm sitzbezug rausholen, um sich die allgemeine einsamkeit dann zu verreiben.
so liegen wir jetzt hier auf diesem rastplatz, wie ein walfisch, ein gestrandeter. fängt uns das fleisch zu gammeln an, wenn wir nicht weiterfahren können. solang man in bewegung ist, verwest man nicht.

§ 5 die unwucht als chance

*rolf steht nach wie vor am fenster und beobachtet die autobahn,
jayne lange neben ihm.*

jayne sind sie schon länger hier?

rolf kann sein. die zeit fließt bisschen anders hier.

jayne zum raum wird hier die zeit.

/

ein zielloses herumirren ist das wieder mal.

rolf sie sehn mir aber auch etwas verloren aus.

jayne das täuscht.

rolf jetzt, wo sie mich so ansehn, kommen sie mir irgendwie
bekannt vor.

jayne vom fernsehn vielleicht.

rolf hab keinen fernseher.

jayne wie exotisch.

rolf der fernseher lenkt nur ab vom eigentlichen.

jayne sehn sie und dieses eigentliche war bei mir das fernsehn
selbst.

rolf lenken sie nicht ab.

jayne wovon sollt ich jetzt ablenken.

rolf sie warn doch vorhin grad so schön verloren.

/

jayne ach das, das liegt halt an dem blick von mir.

rolf schaun sie mich bitte noch mal an.

/

jayne sehn sie. das eine auge hats gegenüber immer fest im
blick.

rolf ich merk es schon.

jayne während das andere in eine unbestimmte ferne blickt.

rolf verstehe. und darum auch das fern-sehn.

jayne der zuseher muss sich durchschaut, aber nicht übersehen fühlen.

rolf das leuchtet ein.

jayne sie kennen ja vielleicht diesen columbo.

rolf wie sollte ich?

jayne ach, blöd, wenn man doch keinen fernseher hat. columbo ist ein fernsehdetektiv, der einen blick fürs unwesentlichste hat und trotzdem den verdächtigen nicht aus dem aug verliert.

/

rolf sollt mich auch wieder dem geschehn widmen.

jayne was gibts denn da zu sehn.

/

rolf man nimmt die autobahn, die einen in die ferne bringt, wo man dasselbe findet, nicht das fremde.

jayne und freut man sich, wenn in cáorle auch das schnitzel wie zu hause schmeckt.

rolf fahren sie nach süden?

jayne die exotik ist der tod des fremden dann. alles dieselbe soße. fährt man von a nach a nach a nach a. kein b in sicht.

rolf echten verkehr, den gibt es nicht.

jayne weil keiner mehr mit einem anderen wirklich verkehren will.

rolf weil jeder nur mehr fernverkehren will.

ihre blicke streifen sich.

da läuft etwas total verkehrt.

jayne festgefahrn ist der fahrgast. ein abweichen, das gibt es nicht.

rolf wenn da in der versicherung, bei der ich angestellt, die zahlen abweichen, da wird es spannend erst.

jayne der passagier lässt alles nur passiern.

rolf ein jeder wünscht sich doch, dass nichts passiert.

jayne nur zieht das risiko halt leider einen strich durch jede rechnung.

rolf haben sie das grad gesehn.

jayne der kombi auf der linken fahrspur?

rolf hat kurz verrissen.

jayne sekundenschlaf vielleicht.

rolf der körper fährt zwar weiter, doch die gedanken driften ab.

jayne jetzt hat er sich gefangen.

rolf wird wohl ein stückchen weiterfahrn noch.

jayne durchquert die landschaft, die für ihn planiert.

rolf hat keinen plan, wo er jetzt ist.

jayne der blick starr auf den horizont gerichtet.

rolf totenmaske seiner selbst.

jayne weiß nicht, dass ein betonpfeiler schon seinen namen trägt.

sie lachen, beate fährt dazwischen.

beate da hat wohl wer den kasperl heut gefrühstückt.

rolf sie schon wieder.

beate was passiert denn hier?

rolf sie pflegen einen umgang mit den kunden!

beate wenn sie glauben, dass hier ein treffpunkt ist für individualverkehr, dann haben sie sich sicherlich geschnitten.

rolf man wird sich wohl noch etwas angeregter unterhalten dürfen.

beate die autobahnoase ist gemäß dem werbespruch eine entspannungszone für den fernreisenden. kommt schon mal vor, dass man das missversteht.

jayne es war ganz harmloses geplauder.

beate mit dir werd ich gleich noch mal harmlos plaudern.

rolf das fräulein kann am wenigsten dafür.

beate solche verkehrsanbahnungen werden noch vor dem eigentlichen vorfall ausgebremst.

rolf wenn sie sich unbedingt als unfallverhüterin aufspielen wolln.

beate kann ihnen auf den überwachungsbändern dinge zeigen, da rechnet kein versicherer damit.

rolf es ist ja nichts geschehn. und sie entspannen sich jetzt auch mal wieder.

/

nun, um des guten willens wegen, will ich auch eine runde stehkaffee ausgeben.

beate wenns auch ein magenbitter sein darf.

rolf was kostet der?

beate einsfünfundzwanzig.

rolf seis drum. und kann ein jeder, hoff ich, dann mit der beschäftigung fortfahren wie gehabt.

beate holt kaffee und bitter.

das tut mir leid, dass unser ferngespräch so bitter unterbrochen wurd.

jayne man weiß oft nicht, was in die reingefahren ist.

rolf vielleicht war sie verunsichert von vorhin.

jayne was haben sie zu ihr gesagt?

beate kommt mit kaffee und magenbitter.

beate so! schönen dank für diese bittre gaumenspende.

rolf na dann.

beate und wir zwei werden draußen unser gespräch vertiefen, damit kein bittrer nachgeschmack noch bleibt.

§ 6 vom da-sein

jayne es scheint der scheinwerfer, scheint sie zu mögen. und geht er an, ist sie ganz da. dafür wird sie bezahlt, dass sie hier in erscheinung tritt. tritt sie erst in den schein hinein, hat sich der raum zu konzentriern in einem punkt, und dieser punkt ist sie. heut ist sie wieder ganz auf punkt. hat sich erst alle energie in diesem raum, in ihrem mittelpunkt mal konzentriert, dann strahlt es aus von da, dann strahlt sie aus. sollt auch der scheinwerfer mal nicht angehn, sie bleibt der strahlend helle stern in diesem raum. und ist am boden doch geblieben, rückt nicht in kosmische distanz. so sagen es sogar die körper, die verdellten, vor den fernsehschirmen: die ist nicht unnahbar, weil sie sie selbst geblieben ist, obwohl ihr körper unverdellt und schön. die wirkt natürlich so wie wir. doch ist die arbeit mal getan, spätnachts, wenn sich ihr langer tag zu ende neigt, verschwindet sie, in ihrem sportcoupé. streift durch die nacht. dann ist sie auf der autobahn. fährt ohne ziel und maß. streift sie das punktsein ab im rausch von der geschwindigkeit. bei hundertachzig schließt die augen sie, ist überall.

§ 7 eine abwehrreaktion

jayne und beate an den säulen, rolf nach wie vor an der scheibe.

beate der schnüffelt hier herum.

jayne hat schon ein fünkchen wachheit in sich drin gefunden.

beate ist uns vielleicht schon auf der spur.

jayne hab mit ihm grad gesprochen doch.

beate wenn er uns in die spur gerät ...

jayne er weiß von nichts.

beate hier bleibt nur keiner lang, der nicht nach etwas andrem sucht.

jayne der ist doch harmlos.

beate trau keinem von der versicherung.

jayne will sich eine zigarette anzünden.

sprengst uns noch mit der tanke in die luft.

jayne ist das jetzt angst? so kenn ich dich gar nicht.

///

beate das frostschutzkonzentrat ist aus.

jayne das brauchts heut nacht nicht mehr. die nacht ist lau.

beate ein temperatursturz ist hier keine seltenheit.

jayne nach winter riechts noch nicht.

beate in einem bruchteil eines augenblicks fällt dann die temperatur weit unter null. dann ist es klirrend kalt. wenn wo wer liegen bleibt in einer nacht wie heut. den muss man morgens mit dem pickel vom asphalt herunterkratzen.

///

steht stumm am fenster, wartet nur.

jayne der wartet drauf, dass was passiert.

beate nur nicht mit ihm.

jayne weil das so seine art.

beate dass er im nachhinein erst sich, wenn alles schon geschehen ist …

jayne der traut sich nur noch nicht.

beate … einmischt mit lästigen fragen dann?

jayne bräucht einen ruck bloß, innerlich.

beate hält sich in sicherer distanz. zeugen brauchts hier nicht.

jayne lass mal.

beate an dieser tanke gibt es nichts zu sehn.

//

jayne wir warten erst mal ab.

beate ein fremdkörper, der unsre abstoßung nicht kennt, den gibt es nicht.

jayne er könnte uns noch nützlich sein.

beate wer zu lange wartet, wird am ende überrollt.

jayne noch ist ja nichts geschehen.

beate schluss jetzt, da fährt die autobahn drüber.

jayne wie bei dem haus von dir?

beate hab dir doch schon einmal gesagt, dass ich davon nicht sprechen will.

jayne worüber man nicht sprechen kann …

beate das haus hat müssen weg, damit die neue trasse sich den weg durch diese landschaft bohren kann. hat sich durchs elternhaus gegraben.

jayne fährt man mit über hundert sachen durch den schauplatz deiner kindheit jetzt.

beate die trümmer kümmern mich nicht mehr.

jayne wir fahren fort.

beate was zählt, ist diese tanke, heute abend.

§ 8 unter dem teppichboden

rolf man ist schon wach, und ist erwacht doch nicht. man
spürt schon lange diese taubheit, die den körper ganz durchdringt, weiß nicht, wann dieses taumeln von einem tag zum
nächsten angefangen hat. beim frühstück bohrt man mit der
gabel sich ins eigne fleisch. doch nichts. da ist kein mitgefühl
mehr für den eignen leib. spürt man nur nichts im tauben
fleisch. man zieht sich an. streift sich das graue leben über.
hat jeder handgriff erst eine routine, lebt sich das leben wie
von selbst. bleibt man halt unbeteiligt da im tauben hintergrund, in sicherer distanz.

man eilt, weil man die zeit nicht hat. hat keine zeit zu nichts,
muss weiter man. muss raus jetzt in die welt, die eilt, wie man
ja selbst, vorbei eilt sie, die welt. blickt man noch einmal auf
die wunde von der gabel da am unterarm, die sich nicht
schließen will.

wo man jetzt hinmuss, ist man nur angestellt. mehr nicht.
verrichtet ohne mühen dort die tätigkeit, an die man sich ge-
wöhnt hat längst. dort funktioniert man gut, man möcht fast
sagen reibungslos. hier gleitet man im neonlicht durch end-
los lange flure, teppichboden grau, so weit das auge reicht.
vorbei an teppichbodenmenschen, ihr gerede stumpf und
taub. blickt man in die gesichter von den teppichbodenmenschen, fragt man sich dann, ob hinter diesen trüben augen
auch dieselbe taubheit wohnt. hat man nur keine zeit, um
nachzufragen.

so sitzt man in der großraumkoje von der versicherungsanstalt, bei der man angestellt, und blättert man die fotos durch. von wunden, die sich auf der haut von den klienten und ihren autos jüngst ereignet haben. man teilt sie ein in reiß-, in quetsch- und schnittwunden. und zeichnet man dann mit den fingerkuppen die konturen jeder wunde nach. man sucht nach mustern, wiederholungen. dass jede wunde anders ist, das hat man nur am anfang sich gedacht. jetzt ist man sicher sich, dass jede wunde eine spur von etwas größrem ist, dass da was ungreifbares, das im unfall erst zutage tritt, und seine spuren auf den körpern hinterlässt. jede wunde eine spur, die man begreifen will, der nachgegangen werden muss. und hat man angefangen, heimlich hat man angefangen, sie zu sammeln. macht einen abzug man von jeder wunde sich und trägt nach hause sie. nach jedem arbeitstag der aktenkoffer voller wunden. dabei fängt doch die eigentliche arbeit erst zu hause an. das ordnen und sortieren, das aneinanderreihen von den wundbildern. hat man erst die versteckten fährten mal gefunden, die verborgen da in jeder wunde, fügen sie sich wie von selbst zum bild von dieser großen wunde. bedeckt wie eine wundtapete jede wand der wohnung schon. in allen ecken wuchert sie, die wunde, wie ein krebs.

spürt man jetzt eine spannung überm teppichboden sich zusammenbrauen. ein knistern, eine ladung, die da durch die flure flirrt. die taubheit fängt zu schmerzen an, ist wie ein stechen jetzt, das man genießt. was heute wohl an wunden auf mich warten wird, denkt es, das man?

man hört ein auto bremsen.

§ 9 einen unfallfreien fortschritt gibt es nicht

hinter der tanke, wo auch der eingang zu den toiletten sich befindet.

jayne sie sind ja auch noch da.

rolf ich warte noch.

jayne auf was?

rolf ein schadensereignis.

jayne und was, wenn nichts passiert.

rolf s ist eine frage nur der zeit, bis es eintritt.

jayne sie wollens krachen hören.

rolf sind seriöse forschungen, die ich hier anstelle.

/

jayne und was, wenn alle warten drauf, dass was passiert?

rolf s braucht nur etwas geduld. im schnitt gibts alle zwei sekunden einen unfall, in jeder stunde zwei verkehrstote.

jayne da kennt sich jemand aus.

rolf das ist mein täglich brot.

jayne ein schlachtfeld ist die autobahn.

rolf an hohen feiertagen fällt die wahrscheinlichkeit noch höher aus.

jayne das soll der urlaubsfreude keinen abbruch tun.

/

rolf ich glaub, die tankstellenbetreiberin beobachtet uns noch.

jayne die kommt aus der transitbewegung, radikaler flügel.

rolf die wollten doch den bau der flussnahen trasse stoppen?

jayne ihr haus wurd weggesprengt.

rolf ists jetzt begraben von der autobahn?

jayne seither ist sie hier draußen.

rolf die autobahn durchquert die leben.

jayne wir sind doch alle teil eines viel größren unfalls.

rolf es bräuchte eine neue unfallforschung.

jayne im universitären rahmen?

rolf mit unfallprofessuren.

jayne niki lauda honoris causa.

rolf der sich dem unfall kartographisch oder besser seismographisch nähert.

jayne mit einer teststrecke, für testunfälle.

rolf vielleicht dort an den grenzen zum unerfahrbaren erfahrungswerte sammeln.

jayne und so neue ausfahrten finden?

rolf unfallverlaufskurven erstellen.

jayne falsch abbiegen und doch richtig sein.

rolf nur was liegt jenseits von den pannenstreifen?

jayne eine neue wachheit, die alle müdigkeit dann tilgt.

rolf sie scheinen mir ganz unermüdlich.

jayne sehn sie, wie wenn man geht, man tut es, ohne dran zu denken.

rolf vorsicht.

jayne nur stolpert man, ist einem jeder schritt dann erst bewusst. wohnt eine gegenwärtigkeit in jeder einzelnen bewegung.

rolf und keine taubheit mehr, die in die tage frisst sich.

jayne ist jeder augenblick dann voller welt.

rolf die welt ist alles, was der unfall ist.

jayne hat man erst mal die störung, das nicht-mehr-funktionieren, als eine möglichkeit gesehen, wohnt in dir drinnen dann ein neuer motor, der dich treibt. wir sind das permanente stolpern.

rolf nur müsste sich ein solches wir erst finden.

jayne gibt so ein wir, eine bewegung. verstreut da draußen, doch vereinzelt nicht.

rolf sie phantasieren wohl.

jayne unter den brücken, hinter den rastplätzen, in allen nischen warten wir drauf, dass die große form ins wanken kommt. und jede krise eine chance, die wir zu nutzen wissen werden.

rolf so eine art automobilclub?

jayne der fahrradstreifen auf der A1, den haben wir dort aufgemalt. oder die blauen ampeln auf der tangente, auch wir. am südknoten, die massenkarambolage. drei tage lang ging da nichts mehr. verstopfung, totalinfarkt. das waren alles wir.

//

warum sehn sie mich jetzt so an.

rolf sie sind der fall jayne m.

jayne /

rolf totalschaden, doch von der fahrerin fehlt jede spur. in der versicherung kursieren die seltsamsten geschichten über sie.

jayne /

rolf ihren unfall kenn ich in- und auswendig.

///

sind sie am steuer eingeschlafen?

/

jayne in tausend stücken liegt das sportcoupé,

rolf fühlen sie sich manchmal abwesend?

jayne ein blechsalat da auf der fahrbahn jetzt,

rolf haben sie asthma?

jayne ein blinker taucht das schlachtfeld in ein dunkelgelbes licht von zeit zu zeit.

rolf hatten sie mal einen epileptischen anfall?

jayne und in dem blechsalat, der nur die garnitur fürs kalori-
enreichere ist,

rolf hatten sie mal pilzbefall, an füßen oder andren körpertei-
len?

jayne liegt da ein fleischsalat im wrack,

rolf würden sie sich selbst als einen religiösen mensch bezeich-
nen?

jayne ein fassungsloser fleischsalat,
doch atmet noch.

rolf haben sie haustiere und wenn ja, wie viele?

jayne und hört sie jetzt, die schauspielerin, also ich:
ich hör mich selber schreien

rolf verwenden sie zahnseide?

jayne hör diesen haufen fleisch da schreien.

rolf haben sie eine körperliche einschränkung?

jayne und kanns nicht fassen – kriegs nicht zu fassen mehr
mein ich,
das doch mal ganz gewesen ist.

rolf lassen sie sich regelmäßig ärztlich untersuchen?

jayne war doch mal unverdellte form mein ich,

rolf haben sie besondre sexuelle vorlieben?

jayne und jetzt,
totalschaden.

rolf rasieren sie sich täglich?

jayne doch plötzlich da im fleischsalat:

rolf haben sie lebensmittelunverträglichkeiten? hat eines ihrer
haustiere lebensmittelunverträglichkeiten?

jayne ein wille fortzufahrn.

rolf hatten sie kontakt zu weichen oder harten drogen?

jayne und wer jetzt glaubt trauma, der irrt.

rolf müssen sie oft grundlos weinen?

jayne vielleicht im auto-unfall das andere, das fremde in uns selbst entdecken,

rolf träumen sie viel?

jayne die unzahl ungekannter möglichkeiten in uns drin, ganz anders noch zu sein.

rolf rauchen sie?

jayne wir müssen aus den eingefahrnen lebensläufen brechen.

rolf gehn sie regelmäßig ins solarium?

jayne die leitschienen durchbrechen, die man zur seite uns gestellt.

rolf warn sie schon mal in prag?

jayne hab eine neue leichtigkeit gewonnen.

rolf hatten sie schon einmal einen filmriss?

jayne die form ist brüchig, war es wahrscheinlich immer schon.

rolf haben sie sich schon mal was gebrochen?

jayne mein ich hat da im fleischsalat die strenge form verloren,

rolf schlägt ihr herz auch unrhythmisch?

jayne und ist man erst mal offiziell zu bruch gegangen,

rolf leben sie zur zeit in einer paarbeziehung?

jayne sieht man die vielheit da in sich, die möglichkeiten.

rolf darf ich ihre narbe sehn?

jayne ja.

///

es prallen ihre lippen aufeinander. man hört ein auto bremsen. jayne löst sich von ihm und verschwindet in die nacht.

§ 10 vom temperatursturz im versicherungswesen

fernfahrer und steht jetzt da, dieses versicherungswesen, steht stehngelassen da. und auch in ihm ist jetzt so ein gefühlsstau drin. weil damit fängts ja an, das unglück, nimmt seinen ausgangspunkt in diesem augenblick, in dem so ein gefühlsstau unerträglich wird. ganz heiß ists ihm geworden, weils sich so aufgestaut hat in ihm drin, als diese lippen da auf seine sind geprallt. und wollt es weiterprallen lassen und wollt es weiterprallen lassen und wollt es weiterprallen lassen, weil er zum ersten mal sich wieder hat gespürt. weil er ganz wach war für den bruchteil eines augenblicks. wollt sich nicht mehr den kopf zerbrechen. war ganz verknallt. wollt weiter hängen bleiben an den lippen da von ihr. und kann es darum nicht verstehn, warum sie ihn hat stehn gelassen, gefühlsverstopft dort vor den raststationstoiletten.

rolf haben sie uns grad beobachtet?

fernfahrer es fängt sich schon einmal der blick am straßenrand.

rolf gibt nichts zu sehen hier.

fernfahrer hier kratzt man entweder die kurve oder man kratzt ab.

rolf was soll das heißen?

fernfahrer das ist ein wendepunkt.

rolf was für ein wunder punkt?

fernfahrer ein wendepunkt, hier kehrt man um, bevor es dann zu spät. zu spät. zu spät.

rolf danke, ich kenn mich aus mit risiken.

fernfahrer wenn man so lange unterwegs wie ich, entwickelt man halt eine fernsicht auf die dinge. so ein gefühl dafür, was da vom horizont auf einen zu noch kommen wird. drum rate ich, ziehn sie die bremse, kehren sie jetzt auf der stelle um, bevor das schicksal sich auch gegen sie noch wendet.

rolf was könnt das schicksal sich bei mir schon holen.

fernfahrer dosenfleisch.

rolf wie bitte?

fernfahrer dosenfleisch, nennt man im militärjargon, wenn tiefgefrorne leichen noch einmal zum einsatz kommen. um beispielsweise einen unfall vorzutäuschen.

rolf warum erzählen sie mir das?

fernfahrer sehn sie mich an. sehn sie mich an. sehn sie mich an. man muss den körper in bewegung halten.

rolf halten sie den mund.

fernfahrer ich bin von dauer, weil ich ständig unterwegs. das leben ist andauernd von seinem eigenen verfall bedroht. nur diese energie bleibt immerfort die gleiche. erhaltungssatz: was vorne reinkommt, fließt auch hinten wieder raus.

rolf was soll der unsinn?

fernfahrer ich sprech von haltbarkeit, kein halt in sicht. nur zwischenstopps. kein anhalten an einem anderen. kein festhalten. das leben ist halt haltbar nur in dauernder bewegung.

rolf was hat das denn mit mir zu tun.

fernfahrer kurzum: sie sind schon überfällig. sie tragen ein verfallsdatum auf ihrer stirn.

rolf ich bin zum ersten mal einem gefühl verfallen.

fernfahrer den gefühlen ist nur nicht zu trauen, allzu menschliches versagen.

rolf hier tun sich möglichkeiten auf, ganz paragraphenlos.

fernfahrer geplante obsoleszenz, hinfälligkeiten. eine verderblichkeit sitzt uns schon in den gliedern.

rolf ich lass mir das nicht nehmen.

fernfahrer und muss jetzt rein zum kühlregal und muss jetzt rein zum kühlregal und muss jetzt rein zum kühlregal,

rolf mir ist ganz heiß.

fernfahrer um sich ein kaltgetränk zu holen, das ihm die hitze in ihm drin vertreiben soll. muss jetzt ein kühlwasser in sich reinkippen, damit der körper wieder auf betriebstemperatur sich abkühlen kann.

doch statt dem kaltgetränk stürzt ihm, als er die tür aufreißt, stürzt ihm da eine frau entgegen. ganz steifgefroren liegt sie da, am boden von der tanke jetzt. die augen sind zwei eiskristalle. und plötzlich auch ein temperatursturz in ihm drin, im versicherungsmenscheninneren erreicht es den gefrierpunkt jetzt. da muss er gar nicht erst das kaltgetränk bemühn.

damit konnt er nicht rechnen, damit konnt er nicht rechnen, damit konnt er nicht rechnen, dass da im kühlregal die leiche von der eigentlichen tankstellenbetreiberin drin liegt. dosenfleisch. und keine hitze jetzt in ihm mehr drin, nur eine kalte angst vor diesem unberechenbaren, das da grad in sein leben bricht.

§ 11 ein rauschen da vom anfang her

beate und rolf am auto.

beate wills nicht mehr anspringen, das auto.
rolf ich muss hier weg.
beate sie habens vorher doch nicht eilig ghabt. ist was passiert?
rolf alles in bester ordnung.
/
gibts hier ein telefon?
beate die leitungen sind leider tot.
///
hörn sie das auch?
/
das rauschen da im hintergrund.
rolf ich hör nur nichts.
beate nicht jeder kann es hören.
/
rolf man hört die autobahn, das schon.
beate ein echo ists, vom anfang. vom ersten unfall, der das alles erst erschaffen hat.
//
manchmal ists, als würde eine unsichtbare macht die autos aus dem strom des unterwegsseins reißen. kommt dann die autobahn zu sich in einem ort, dem unfallort.
rolf ich müsst jetzt wirklich weiter.
beate ist man erst angekommen mal am unfallort, gibt es so schnell dann kein entkommen mehr. das unterwegssein hört

sich auf, wenn es den unfall trifft. da fragts aus keinen kindermündern dann, ob man schon da.

//

hab euch gesehn.

/

rolf wo ist sie hin verschwunden?

beate na schau, hat es sich auf ein anderes objekt gerichtet
jetzt, das interesse, ihres.

rolf das hab ich ihnen schon einmal gesagt, dass sie das gar
nichts angeht, für was ich mich so intressier.

beate hier gilt nur das gesetz der straße.

/

ich bin die straße. wer etwas will von mir, der muss sich auch
an meine regeln halten.

rolf was sollt ich wolln von ihnen?

beate könnt ihnen sagen, wo sie ist, die, für die sie sich so in-
tressieren, die jayne.

rolf was soll das heißen?

beate die treibt sich in der gegend öfter rum.

rolf war wie ein aufprall, unser aufeinandertreffen.

beate sie lagert hier.

rolf hier auf der raststation?

beate es treibt sie immer wieder mal zu mir herauf.

rolf wo ist sie?

beate hinter dem lkw-parkplatz, kurz vor der auffahrt, gibts
eine kleine nische noch, da richtet sie sich für gewöhnlich ein.

rolf eilt davon.

unter dem asphalt, der haut der straße, regt sich was. da
rührt sich eine längst vergessene natur. verästelungen, die
darunter wuchern. wirft beulen schon der schwarze teer. pul-
siert dort feinstes wurzelwerk im straßenbett. an manchen

stellen finden sich schon kleine risse, die autobahn wird brüchig, sprießt grün das leben draus hervor
//
man hört ein auto bremsen.

§ 12 crashkurs

beate ein rückgratloser mensch ist das,

jayne der kennt halt leichen nur aus der statistik.

beate die haben wir uns extra aufgespart.

jayne schlecht wird sie nicht.

beate nur trägt er jetzt halt so ein mitwissen in sich.

jayne ein mitwissen, das nicht in eine mittäterschaft will über-
gehn, das braucht es nicht.

beate ganz aufgeregt war der.

jayne da sieht er eine tiefgefrorene leiche und bekommt schon
kalte füß.

beate der sucht ein bisschen nervenkitzel und mehr nicht.

jayne bin dir doch auch mal zugestoßen.

///

die autobahn liegt da fast wie ein ewiger fluss.

beate doch weit und breit kein wasserfall in sicht, der uns er-
lösen könnt von diesem dämmerzustand.

jayne wenn sich die wassermassen über die kante schieben,
stürzen schwerelos, für bruchteile eines augenblicks. da gibt
es dann kein vorher und kein nachher, keine ethik, keine
moral, kein »aber was wäre wenn« und kein »vielleicht sollten wir doch lieber« und kein scheiß-»morgen sieht alles
schon wieder ganz anders aus«.

beate der muss mal spüren, dass es uns ernst ist.

jayne dass mit uns nicht zu spaßen ist.

beate wollt abhauen schon, dabei ist diese nacht noch jung.

jayne der weiß gar nicht, was ihm dabei entgehen würd.

beate   heut ist es wieder mal so weit

jayne   heut spielt der zufall wieder richter.

beate   heut tanzen wir titanictango.

jayne   lass uns mal sehn, ob wir ihm nicht noch was beibringen können.

beate   bevor er uns verlässt.

jayne   will man doch jedem etwas mitgeben,

beate   ein souvenir auf seine reise.

jayne   wir sollten ihn mal testen.

beate   mal sehn, aus welchem blech der junge ist.

jayne   ob er den crashkurs übersteht.

beate   das ist das schöne an dem unfall: überlebt man ihn, muss alles anders werden.

jayne   der unfall kennt tod oder heilung nur.

beate   hat sich die ahnung, meine, damals nicht getäuscht an dir.

jayne   als ich hier angekrochen kam.

beate   die schauspielerin hat einen unfall, stirbt und wird unsterblich so.

jayne   nur, dass ich halt nicht gestorben bin.

beate   die untote schauspielerin lässt sich leider nicht mehr sehn.

jayne   knautschzone, ich.

beate   da braucht es wen, der einen ausbeult.

jayne   hast zusammen wieder mich geschweißt.

beate   es schweißt sich nicht so schnell ein neuer an uns dran.

man hört ein auto bremsen, dann ein knall.

§ 13 sturzpredigt

jayne und durch das blutend offne bein fährt dir nun eine plötzlichkeit in deinen präsentiert präsenten leib hinein. und warst für diesen bruchteil eines augenblicks, fürs μ eines moments warst du gänzlich allein. und mehr noch jede faser da in dir, ja jedes teilchen war auf sich gestellt. und lauter mikrounfälle da unter deiner haut. ein knallen, krachen, knautschen war das da in dir. da warst du angehalten, angehalten, den zusammenhalt wiederzufinden. und plötzlich aus dem chaos, aus dieser inneren karambolage eine ahnung von gemeinschaft, die aus dem augenblick erwachsen könnt. und die straßen könnten wieder voll sein. und die plätze wären wieder unsere. und wir könnten uns wieder begegnen, vielleicht. und du würdest sehen, dass es gut sei.
/
doch nichts! kein beseeltes fleisch, nur vegetation, verfluchte dahinvegetation. wieder am ewigen fluss dahinschippern und kein wasserfall in sicht!
und kein sturz!
doch plötzlich eine idee! vielleicht ist es an uns! vielleicht sind es wir, also dieses wir schlechthin, die den augenblick mit seiner sprengkraft wiederfinden müssen. und wir werden taumeln, bis wir fallen, bis wir verunfallen. wie einen schnitt oder bruch oder wie einen offenen unterschenkelbruch, setzt man den unfall in die geschichte seines lebens, verdichtet auf kleinsten raum, sein leben. um so die dichte zu finden, die wir suchen, die totale dichtheit eines augenblicks, der ewig

währt, weil in ihm alle unsere augenblicke zusammenfallen.
der augenblick ...
als wir vom fahrrad stürzten.
als wir uns zum ersten mal küssten.
als wir unsere faust ballten.
als wir das erste mal nein sagten.
als wir uns bei hundertachtzig überschlugen.
als wir schwerelos wurden.

wir brechen
wir brechen auf
wir sind schon aufgebrochen
wir warn konserven unsrer selbst
doch jetzt
jetzt sind wir aufgebrochen

§ 14 und auch die nische keine chance

jayne und rolf in der parknische kurz vor der auffahrt.

rolf wir müssen hier so schnell es geht verschwinden.

jayne als ich ein kind gewesen bin. da im zimmer drin von mir, im kinderzimmer, hab ich mich, wenn ich traurig war, gedreht. im kreis so schnell es ging.

rolf schluss jetzt mit diesen kindereien. wir müssen weg.

jayne und immer schneller, bis dass das bett von mir verwischt, bis dass der schreibtisch und die fenster, die filmplakate an der wand, bis alles von der geschwindigkeit gefressen war. das haus, die eltern und die welt.

rolf die lagert leichen hier im kühlregal. zum schluss sind wir die nächsten.

jayne und immer noch nicht hört ich auf und schneller, immer schneller, schloss ich die augen dann. bis dass auch ich verschwunden war.

rolf ich fahr mit ihnen. bin teil von der bewegung.

jayne sie hätten nicht herkommen sollen.

rolf hier draußen denk ich wieder klar.

jayne das wird schon wieder.

rolf mich zieht es auch hinaus.

jayne sie sind nur ein büromensch.

rolf wenn ich an meinem schreibtisch sitz, wird mir die luft zu knapp. ich muss den spuren folgen, bevor sie sich verkrusten.

jayne sie haben keine ahnung.

rolf ich weiß, dass da im unfall etwas aufbricht, dass da ein

neuer aufbruch möglich ist. da schürft die wirklichkeit sich
auf.

jayne ich muss jetzt weiterfahren.

rolf wollen sie mich der verrückten überlassen?

jayne ich weiß, warum sie hier sind. man kennt es an den augen.

rolf mir fehlts an nichts.

jayne das ist es ja. sie haben alles, was es braucht, und trotzdem das gefühl, dass da schon längst etwas verunglückt, schrottreif ist.

rolf woher wollen sie das wissen?

jayne und kann man kaum mehr schlafen. ein leben wie im wachkoma, das man allein in seiner kleinen, aber schicken wohnung totzuschlagen hat. und weiß oft gar nicht mehr, ob man nicht längst verschwunden ist.

rolf warum bin ich hierhergekommen?

jayne weil da drinnen ein wissen wohnt, das man sich nicht erklären kann.

rolf was für ein wissen?

jayne dass wir erst dann zu leben anfangen, wenn wir aufhören zu funktionieren.

///

man hört den aufprall eines autos.

fernfahrer und hört mans leise knacken jetzt, und hört mans leise knacken jetzt, und hört mans leise knacken jetzt, als dieser schraubenschlüssel auf den hinterkopf von dem versicherungswesen trifft. hat da die zweite im gebüsch gelauert schon. und geht zu boden er, weil er schon wieder nicht gerechnet hat damit.

beate da ist er ausgeritten.

jayne schleudertrauma.

fernfahrer und lachen jetzt, und lachen jetzt und lachen jetzt die zwei komplizinnen. ganz schwarz ist ihm vor augen schon, nur sterne sieht er mehr. und tragen ihn die beiden jetzt hinüber zu dem auto da von ihm. schnallen ihn so fest es geht hinein, damit er sich nicht wehren kann. da klappt es auf, das handschuhfach, und wunden fallen aus ihm raus auf fotos der versicherung. als er die augen wieder aufbekommt, sitzen die beiden hinter ihm, gemeinsam auf der rückbank jetzt.

rolf was soll das hier?

beate hast dir die falsche raststation gesucht.

jayne hättst lieber weiterfahren solln.

rolf lassen sie mich raus.

beate ist doch ein schönes auto.

jayne wolln lieber noch ein bisschen sitzen hier bei dir.

rolf kann sie versichern, dass keiner es erfährt von mir, was sie hier treiben.

beate du hältst jetzt mal dein maul.

fernfahrer sagt sie und stopft diesem versicherungswesen die wundbilder ins maul und lacht:

beate friss deine wunden.

jayne hast es nicht lassen können.

beate nur dass nicht jeder, der hier anrollt,

jayne bei uns gleich aufgenommen wird. es gibt genug perverse,

beate die sich die eigne lust an einem leid nur sattsehen wollen.

jayne aus sicherer distanz sich einen schauer,

beate kick gar

jayne gönnen wolln

beate und selber keinen schmerz

jayne und kein erkennen

beate　nur billige befriedigung.

jayne　erkenntnis tut halt leider weh

beate　wenn es die wahre ist.

jayne　wer bei uns einsteigt

beate　steigt erst aus

jayne　zur gänze

beate　will heißen, ohne ein zurück

jayne　ohne versicherung

beate　kein netz und auch kein boden mehr.

jayne　weil wir uns nicht so einfach konsumieren lassen

beate　weil wir halt keine fetischware sind

jayne　sind keine mode oder trend

beate　wer mit uns fahren will

jayne　muss die gewissheit in sich tragen

beate　die man erst in sich trägt

jayne　wenn man dem tod erst mal ins angesicht gesehn

beate　weiß man dann erst

jayne　was jenseits von der autobahn

beate　ist man bereit

jayne　hat man das selbst mal aufgegeben

beate　kann erst ein neues wir sich dort zu hause fühln.

///

fernfahrer　und zischt und zischt und zischt der anzünder jetzt
auf der haut von ihm. und drückt ihn noch mal fester rein in
seinen unterarm. bohrt tief hinein ins fleisch das glühende
metallding. ist jetzt das ganze auto schon erfüllt von einem
duft von angesengtem fleisch. dann zündet sie sich eine an.

jayne　das wird wohl eine narbe geben.

beate　ein kleines andenken an uns.

jayne　hast du gehört? sollst uns nicht mehr vergessen.

///

100

rolf *stammelt* okay. ich habs kapiert. hab die lektion gelernt.

beate ich glaub, er will uns etwas sagen.

jayne ein einziger authentischer moment in deinem leben.

beate und du willst ihn zerstören.

jayne ich hab doch auch einmal dieses geschenk empfangen.

beate und bist ja auch nur dran gewachsen.

jayne mein dank gilt dir.

beate weil man erst in dem augenblick,

jayne in dem man merkt,

beate dass dieses leben,

jayne dein leben,

beate dein beschissnes kleinkariertes leben,

jayne dass das nur eine möglichkeit ist.

beate dass es mit einem schlag

/

jayne kann es vorbei auch wieder sein.

beate und wenn du das mal weißt.

jayne und wirklich weißt.

beate am eignen leib.

jayne dann bist du auch bereit.
solltest uns dankbar sein.

beate nimm dir den schmerz.

jayne sei einmal ganz bei dir.

beate ganz gegenwärtig.

jayne das ist die letzte chance für dich.

beate verpatz sie nicht.

/

fernfahrer sie steigen aus.
und geben ihm noch einen stoß.
der wagen rollt
der wagen rollt

der wagen rollt
die ausfahrt runter.
wird schneller, immer schneller.

rolf plötzlich verlangsamt sich alles geschehen.
drosselt sich nun die geschwindigkeit.
die luft ist eisig kalt.
und voller wunden.
seh wie die lichter auf mich zu,
wie sich die welt zusammenstaucht.

fernfahrer und kracht und kracht und kracht jetzt oder besser knallt

rolf stumpfes trauma.

fernfahrer dass einem fast das trommelfell zerbersten will. und hell erleuchtet ist die nacht, dass einem fast die augen aus dem kopf rausfallen wollen.

rolf ein scheinwerfer ganz nah an meinem aug, dass mir der blick zerschellt, zersplittert.

fernfahrer die tanke brennt wie eine riesenfackel, brennt lichterloh, brennt wie ein ungetüm.

rolf drückt sich der körper durchs metall.

fernfahrer die flammen schlagen auf die lastkraftwagen über. die ladung lichterloh. sieht man, wie flachbildschirme ihre form verlieren, zerschmelzen und hinunter auf die straße tropfen.

rolf es atmet der asphalt.

fernfahrer und hört man durch den lärm und das getöse jetzt ein lachen oder besser zwei. das sind die autobahnnomadinnen:
highwaynatives.

rolf beginnt jetzt die substanz, um mich zu tanzen.
befällt mich eine schwerelose dichte.

fährt mir die autobahn durchs hirn.

die welt zerfällt.

jetzt.

fernfahrer die straßen sind nicht sicher mehr. die straßen sind nicht sicher mehr, die straßen sind nicht sicher mehr.

rolf jetzt

jayne gibt barrikaden, überfälle, gibt autonome mautstationen schon.

rolf jetzt

fernfahrer die leute wolln die wildnis wohl zurück,

beate die hier geherrscht hat vor der autobahn.

rolf jetzt

jayne und wächst über so manchen sabotierten abschnitt schon das gras.

rolf jetzt

beate ein kind fährt dreirad mutterseelenallein auf der verlassnen autobahn.

rolf jetzt

jayne ein ausgebrannter lastkraftwagen erinnert noch an eine zeit, als hier noch das transportwesen regierte,

rolf jetzt

fernfahrer als fernfahrer zu sein noch etwas hieß, als hier die güter rollten noch.

rolf jetzt

fernfahrer das ist das ende, ist das ende, ist das ende,

beate / jayne nicht.

rolf jetzt

jetzt

jetzt

jetzt

jetzt

jetzt

jetzt

jetzt

jetzt

jetzt

(von nun an sind die wörter nicht mehr allzu wörtlich zu nehmen)

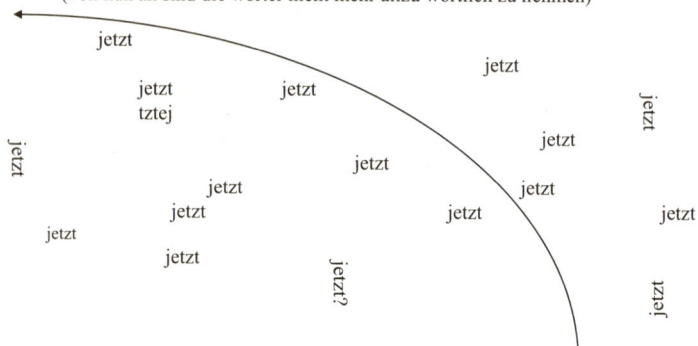

jetzt

jetzt   jetzt   jetzt

tztej   jetzt

jetzt   jetzt

jetzt   jetzt   jetzt

jetzt   jetzt   jetzt

jetzt

jetzt

jetzt?

der herzerlfresser

wiener ~~roh~~(~~fleisch~~)fassung

»mange ton *dasein*!«
lacan

»tatsächlich gibt es nichts, was auf so unerträgliche art
und weise unbrauchbar und überflüssig wäre wie das
organ, das herz genannt wird, dieses schmutzigste aller
mittel, das die wesen erfinden konnten, um leben in mich
zu pumpen.«
artaud

»per medulam cordis mei,
peccatoris atque rei,
tuus amor transferatur,
quo cor tuum rapiatur
languens amoris vulnere.«
buxtehude

gangsterer andi, 34.
acker rudi, 46.
fauna florentina, 22.
pfeil herbert, 28.
fußpflegeirene, 34.

die kundenschaft, eine vielheit
unterschiedlichen alters,
in sehnlichster erwartung
eines neuen einkaufstempels.

pausen:
/   ein herzschlag
//   zwei herzschlag
///   drei herzschlag

dark was the night (and cold was the ground)

florentina und der gangsterer rauchen einen süßen tschick am nächtlich verlassenen gewerbepark.

florentina es lebt sich ziemlich unbeschwert unter den bonobos.
/

gangsterer wie kommst jetzt da drauf?

florentina konflikte, gibts bei denen nicht.

gangsterer sag bloß.

florentina bei denen gibts nur liebe.

gangsterer wie soll das gehn?

florentina wenn sich zwei bonobos ums selbe mädchen streiten. dann schlafen die zuerst mal miteinander. das nimmt den druck dann aus der angelegenheit.

gangsterer make love not war.

florentina alles im leben von dem bonobo kann als ein anlass für die paarung herhalten. um streit zu schlichten, sich zu entschuldigen, manchmal auch nur um sich zu grüßen.

gangsterer naja so weit ists dann beim menschen auch nicht her.

florentina die bonobos hat man sogar beim zungenküssen schon erwischt. das kann kein andres tier.

gangsterer und ich hab dacht, das schmusen ist zutiefst was menschliches.

florentina schmusen können auch die bonobos.
/

gangsterer was treibst dich eigentlich um diese zeit hier draußen noch herum. wenn hier die nacht anbricht, muss das gelände von subjekten, wie du eins bist, muss das gelände völlig freigehalten, muss es werden!

florentina brauchst nicht glauben, dass du, weil du ein nachtwächter jetzt bist, dich aufführn kannst.

gangsterer obacht, du sprichst mit einem wachorgan, einem beeideten.

florentina das einzige, was an dir wach ist, ist dein sumpfsinn.

gangsterer zumindest bin ich nicht so weich wie du.

florentina will gehen.

bleib lieber noch ein bissl da.

florentina wer wird jetzt weich?

gangsterer war nicht so wachtmeisternd gemeint. es ist die uniform grad mit mir durchgegangen. man will sein amt halt ausfüllen auch.

florentina wenn du zu amtlich wirst, werd ich, bevor mir übel wird, mich wegsubjektivieren.

gangsterer jetzt sei nicht so.

florentina du wolltest doch, dass ich vorbeikomm, einen rauchen.

gangsterer stimmt.

/

erzähl dir auch noch was!

florentina was könntst du mir schon groß erzähln, was meine eigne wachheit nicht schon hätt entdeckt.

gangsterer zum beispiel, dass das neue einkaufszenter drei tage vorm eröffnungsfest schon risse kriegt.

florentina ist nicht wahr?

gangsterer wenn ichs dir sag!

florentina das alles hier, der ganze gewerbepark, der ist auf einem sumpf gebaut.

gangsterer mit pfeilern zwar, nur dass auch die sich senken unter der last der einkaufstempel.

florentina das hat man sich schon denken können, wie das als
bauland ausgeschrieben worden ist.

gangsterer das war dem bürgermeister sein prestige-projekt,
nur kriegts jetzt hinten bei der lieferanten-zufahrt erste risse
schon.

florentina im sumpf liegt etwas unbeherrschbares.

gangsterer ganz braun tritt da das moorwasser schon raus. sie
lassens abpumpen.

florentina versinkende neubauten.

gangsterer versumpfende warenhäuser.

/

wenn keiner mehr heraußen ist, nur mehr die neonleuchten
vor sich hinsurren, da kommts mir manchmal vor, als könnte man das moor noch hören unter dem asphalt.

sie legen beide ihre ohren auf den asphalt.

/

da – ein glucksen.

//

florentina ich hör ein zirpen. ein grillenmännchen ists vielleicht. singt unter dem asphalt sein liebeslied.

gangsterer es gibt ein leben unter dem gewerbepark.

florentina die grillenmänner zirpen ihre lieder und locken damit nicht nur weibchen an. gibt fliegen, die drauf reagieren
und das verliebte grillenmännchen, während es noch singt,
mit larven dann befruchten. die in der grille schlüpfen und sie
von innen fressen.

gangsterer die liebe ist ein parasit.

black.

man hört einen frauenschrei.

der bürgermeister erklärt dem gangsterer anhand einer leiche, wie man global denkt und regional handelt

der bürgermeister und der gangsterer, zwischen ihnen am asphalt eine frauenleiche ohne herz.

bürgermeister   sie denken nicht global genug!
/
gangsterer   ich fass es nicht.
bürgermeister   das ist es ja, sie fassens nicht, das ganze ausmaß dieser angelegenheit.
gangsterer   ruhe bewahren? da kann ich ja nur lachen.
bürgermeister   ich bin jetzt nicht zu scherzen aufgelegt.
/
wir müssen einfach mal globaler denken.
gangsterer   wie soll uns das jetzt weiterhelfen?
bürgermeister   global gedacht ist das hier eine ziemlich große katastrophe.
gangsterer   und regional gedacht ists eine sauerei.
bürgermeister   gut. nur was das überregional für folgen hat …
gangsterer   sie meinen jetzt global gedacht.
bürgermeister   ja, gangsterer, denken sie mal über die grenzen hinaus. führen sie ihr denken ran mal da an diese grenzen.
gangsterer   kann ihnen nicht ganz folgen.
bürgermeister   na da hinter den grenzen, wo diese ausländischen kunden wohnen.
gangsterer   was hat das hier jetzt mit den kunden hinter ihren grenzen denn zu tun?
bürgermeister   in drei tagen sperrt das neue einkaufszenter auf.

gangsterer auf hochtourn laufen schon die vorbereitungen.

bürgermeister bad reputation, gangsterer. das mögen kunden nicht.

gangsterer schlechte kunde, keine kunden.

bürgermeister wenn davon mal die medien erfahren.

gangsterer dann fährt hier alles nur vorbei.

bürgermeister verflucht sei dieser durchreiseverkehr, lässt nur den lärm zu uns herüberwachsen.

gangsterer und keiner bleibt zum shopping stehn.

bürgermeister das ausländische geld knöpft sich ein andrer kundenfreund dann ab.

gangsterer jetzt weiß ich, was sie meinen, also global gedacht.

bürgermeister gangsterer, solche probleme muss man auf regionaler ebene, muss man die lösen.

gangsterer sie meinen unglobal.

bürgermeister überregional hat das hier niemanden zu kümmern. das macht nur zukünftige kunden scheu. diskrete, regionale ermittlungen braucht es in diesem fall.

gangsterer ich wollte immer schon einmal in einem mordfall die ermittlung führn.

bürgermeister na, sehen sie, da braucht es nicht behördliches trara.

gangsterer ein wahrer spürsinn lässt in behördliche strukturen sich sowieso nicht zwängen.

bürgermeister lassen sie ihren siebten sinn mal auf die spuren los!

/

und wenn es geht, ein bisschen schnell, bevor uns wer erwischt.

gangsterer verwischt man erst die spuren, kann man sie nicht mehr lesen dann.

der gangsterer dreht vorsichtig die leiche um. der bürgermei-
ster erkennt das ganze ausmaß dieser sauerei und nimmt ein
wenig abstand.

könnens kein blut nicht sehn?

bürgermeister meine hornhaut ist nicht dick genug für einen
solchen anblick.

gangsterer mir machts nichts aus. im gegenteil, ich muss es
sehn. nicht, dass ich so was gerne sehn würd. nur wenn man
etwas weiß und nicht gesehn hat selbst, also mit eignen augen, da treibt die phantasie oft schlimme formen da im kopf.
malt sachen schlimmer aus noch, als die wirklichkeit es
könnt.

bürgermeister jetzt sagens schon, was sie da sehn.

gangsterer sieht aus, als hätt sich was ins jugendliche fleisch
hineingefressen.

bürgermeister mir wird ganz flau.

/

gangsterer da ist ein loch, ein sumpfiges.

bürgermeister was für ein sumpf?

gangsterer ein sumpf, wo mal ihr herz gewesen ist.

/

muss zwischen stoff und haut hineingeschlüpft …

bürgermeister ich wills nicht wissen.

gangsterer und seine zähne da unter der brust hineingebissen
haben.

bürgermeister vielleicht war das ein marder oder iltis.

gangsterer ein herzerlfresser.

bürgermeister man sollte vielleicht fallen aufstelln.

gangsterer nur müsst man sie mit herzen auslegen. das ding
frisst nur vom besten fleisch.

/

bürgermeister auf jeden fall muss die hier weg.

gangsterer die muss in eine leichenhalle.

bürgermeister das ist nur leider keine möglichkeit.

gangsterer die fängt zu stinken an, zieht auch noch weitres ungeziefer an.

bürgermeister wir müssen sie verschwinden lassen.

gangsterer wie wollen sie das machen, jetzt mal ganz regional gedacht.

bürgermeister wir werfen sie ins moor.

gangsterer da mache ich nicht mit.

bürgermeister sie hängen da genauso drin.

gangsterer erst wird sie malträtiert und dann herzlos entsorgt.

bürgermeister auf dieser leich sind jetzt auch ihre spuren. wenn sie jetzt aussteigen, werd ich dann den ermittlern mitteilen, dass ich einen verdacht hege, was sie betrifft.

gangsterer sie unmensch sie.

bürgermeister so eine angelegenheit verbindet. wenn sie den herzerlfresser fangen, sorg ich dafür, dass sie zum schluss dastehen als ein held, ein regionaler.

gangsterer es wird schon hell.

bürgermeister dann schnell. die bauarbeiter fangen früh heut an.

sie verladen die leiche in eine scheibtruhe und rollen damit ab.

die zukunft steht in unsren füßen

florentina und die fußpflegeirene vor irenes neuem studio.

irene um mich ist es geschehen, florentina.

florentina was ist passiert?

irene sein gang.

florentina was für ein gang?

irene sein fester tritt.

florentina ich tret gleich wieder ab, wenn du nicht auf der stelle sagst, was dir passiert.

irene sein ganzes auftreten.

florentina du bist wohl weggetreten.

irene jede sekunde ohne ihn ist wie ein tritt da in mein herz.

florentina du warst doch gestern noch nicht so.

irene da wusst ich es noch nicht.

florentina was wusstest du noch nicht?

irene dass ich ihn immer schon geliebt habe.

florentina du hast ein herz so flatterhaft wie das von einem kolibri.

irene hör mal, wie es jetzt schlägt.

florentina als würd von innen jemand an die brust dir treten.

irene das ist was großes.

florentina mein herz ist mir ganz fremd.

irene über alles hat man halt eine gewalt im leben, nur nicht über das eigne herz.

florentina krieg dich mal wieder ein.

wenn du noch gestern nichts gewusst hast von alldem …

irene das ist der große auftritt von dem glück in meinem leben.

florentina woher willst dus dann heute wissen?

irene hab ein gespür dafür, was vor sich geht.

florentina nur weils dich juckt im kleinen zeh?

irene gerade weils mich juckt im kleinen zeh.

florentina jetzt gehts wohl völlig durch mit dir.

irene der fuß weiß doch am ehesten, woher wir kommen und wohin wir gehn.

florentina spricht denn dein fuß zu dir?

irene man kann nur mit händen sprechen.

florentina wie hat dein fuß dirs dann verraten?

irene schau her,
der vierte links, das ist der liebeszeh.

florentina sieht ganz normal aus.

irene ja heute, bis gestern war der eingekrallt unter der nachbarzehe.

florentina ein zehenwunder.

irene amen.
die füße lügen nicht. die hände sind oft gut gepflegt, manipuliert, und auch geschult, die wahrheit hinter großen gesten zu verstecken.

florentina du musst es wissen.

irene die fußpflege weiß, wo der schuh im leben drückt.

florentina die füße müssen halt so manches tragen.

irene ein jeder zeh ist wie ein buch.

florentina dann sag mir mal, was du in meinen füßen liest.

irene darf ich?

florentina ich bitte drum.

irene man kann noch wenig sagen, auf den ersten blick.

florentina na also, alles firlefanz.

irene weil sie so dreckig sind, muss erst den moorschlamm runterwaschen.

florentina vielleicht sollen wirs doch lieber lassen.

irene schon gut, hab schon viel schlimmeres gesehn.

florentina vorsicht!

/

irene oh,

florentina was oh?

irene nichts oh!

florentina du hast doch grade was gelesen.

irene ja drum. vielleicht solln wir es lieber lassen.

florentina was steht in meinen füßen?

irene das ist doch alles firlefanz.

florentina bitte.

ich will es wissen.

irene dein linker kleiner zeh ist eingekrallt.

florentina ja und? das war schon immer so.

irene das heißt, dir fehlt das urvertrauen.

florentina wer einem andren traut, ist selber schuld.

irene du lebst auf kleinem fuß. die füße mussten viel ertragen.

florentina /

irene der große zeh gekrümmt, als musste sich das junge leben
einem großen druck oft beugen.

florentina /

irene der rist gesenkt. die hornhaut aufgeweicht vom moorwasser.

florentina ist gut.

irene doch deine wunschzehe ist unverwüstlich.

florentina lass gut sein jetzt.

irene ich sehe, eine liebe.

florentina hör auf.

irene dass auch ein mann ins leben dir bald tritt.

florentina verstehst du nicht?

irene es ist noch nichts entschieden, doch es ist alles drin.
ich sehe eine liebe, nein die liebe schlechthin.

florentina irene?

irene und in großen schritten wird sich dein leben ändern.
unter jedem schritt wird die erde beben.
und der sinn wird erschüttert,
bis der schlamm aus den wörtern raustritt.
bis der sumpf aus den herzen rausquillt.
die grillen werden singen von der liebe.
und die herzen werden zirpen, bis sie platzen.
einen schatten im anderen suchend,
einen ort vielleicht finden,
in der ungewissheit einer wüste aus beton,
sich wörtlich nehmen.
örtlich nehmen.
es mangelt am herz,
nein,
der mangel ist das herz.
dir fehlts am du,
du fehlst dir nicht,
wir verfehlen uns nicht.
bis zu den knöcheln im sumpf.
bis zum sumpf in den knöcheln.
bis du versinkst in der liebe.
bis der sumpf uns verschluckt.
bis der sinn uns verschlingt.
irene fällt in ohnmacht, florentina versucht sie zu wecken.
was ist mit mir geschehn?
//

florentina du wolltest mir gerad vom einen, deinem einen da,
erzähln.

irene er weiß noch nichts von seinem glück.

florentina wer ist es denn?

irene versprich, dass du kein wort verlierst.

florentina wen könnte das denn interessieren?

irene der rudi ists.

florentina verlorne liebesmüh.

irene wieso?

florentina das weiß doch jeder, dass der rudi sein herz für diese stadt geopfert hat.

irene ich bin seine bestimmung, müsst einen schritt nur treten auf mich zu.

florentina wenn er von seinem glück doch gar nichts weiß.

irene aber ich weiß es.

hab seine füße auch gesehn.

florentina mich wundert gar nichts mehr.

gangsterer tritt dazu.

was machst denn du hier?

gangsterer wegen dem greifer.

irene was für ein greifer?

gangsterer na, so ein automat mit einem greifarm drin, bei dem man so ein herz aus plüsch gewinnen kann.

florentina was hast denn du mit so gerätschaften zu schaffen?

gangsterer ich muss den münzbehälter jede nacht entleeren.

irene wo soll der seinen standort haben?

gangsterer genau wo du jetzt stehst. ich solls markiern, die stelle.

irene das kann nicht sein. ein greifarm vor der fußpflege.

gangsterer jetzt werd mal bloß nicht handgreiflich. hab doch den plan gesehn.

wenn der erst aufgestellt, werd ich dir so ein herzerl greifen, florentina.

irene das kann nicht sein, dass so ein bimmelbammel automat vor meinem studio steht. da musst du leider noch mal mit dem rudi dich verständigen.

gangsterer ich muss nicht wegen jeder kleinigkeit zum rudi rennen, hab mittlerweile auch befugnisse.

irene seit wann hat auch ein nachtwächter befugnisse?

gangsterer seitdem der rudi und ich besser stehn.

florentina hältst dich jetzt auch noch für was besseres?

gangsterer es macht sich halt die wachheit auch verdient.

florentina bist jetzt das wachhündchen vom rudi?

irene das ist mal eine stellungsbesserung.

gangsterer im ernstfall lacht dann keiner mehr.

irene ich kann mich sehr gut selbst bewachen.

gangsterer es gibt bedrohungen, denen bist nicht mal du gewachsen.

irene ich nicht, aber die kleine schon.

irene holt eine pistole aus der tasche.

florentina wo hast denn du die wumme her?

irene woher die ist, tut nichts zur sache.

gangsterer bist wohl selbst die größte bedrohung hier.

irene wenn man so viel wie ich erlebt hat, sorgt man besser vor.

gangsterer steckst du das ding jetzt bitte wieder weg.

irene wer wird jetzt kleinlaut werden?

gangsterer zwing mich nicht zu verschärften maßnahmen, die mir dann leidtun würden.

irene uh, dann wirds wohl besser sein, wenn ich mich jetzt verzieh.

florentina das tut mir leid, irene.

irene das wird das letzte wort nicht sein in sachen greifer.

irene ab.

florentina was ist denn in dich reingefahrn?

gangsterer wie meinst jetzt das?

florentina dass du grad die irene so sekkieren musst.

gangsterer es hat halt alles seiner ordnung nach zu gehn.

florentina und warum fühlst gerade du dich jetzt als der verfechter einer ordnung, von der du selber nicht mal weißt, woher sie rührt.

gangsterer florentina, du denkst nicht im globalen.

florentina hat der rudi diese unordnung in deinen kopf gebracht?

gangsterer man muss halt schauen, wo man bleibt. und so ein neues zenter ist halt eine chance, für jeden hier in der region. wenn man die nicht mit beiden händen fasst, dann ist man selber schuld.

florentina und du warst mir einmal sympathisch. gibt regionale chancen, die du vielleicht mal eher fassen hättest sollen.

gangsterer du darfst mich nicht mit meinen aufgaben verwechseln.

florentina wenn das jetzt heißt, dass du anschnauzen musst, mit wem ich gut befreundet bin.

gangsterer die irene ist mir gänzlich uneinordenbar.

florentina nur weil sie nicht in deine ordnung passt.

gangsterer die war zu lange in der stadt.

/

florentina unter den stammkunden von der irene ist auch ein altes mütterchen. allwöchentlich kümmert sie sich um die geschwollnen füße von der alten.

gangsterer ja und?

florentina das mütterchen weint jedes mal aus klage um ihren rené, der in die stadt gegangen ist. weiß sie halt nicht, dass ihr rené zu ihren füßen kniet.

gangsterer ist sie …?

florentina i-rené.

gangsterer und sie sagt nichts?

florentina sie hat halt eine angst, dass wenn das mütterchen in ihr den sohn erkennt, sieht, was aus dem rené geworden ist, dass sie sich dann aus ihrem alten kopf die augen möcht rausstechen. so trauern sie, die beiden, bei der fußpflege, allwöchentlich. nur ob auch alle stammkunden den langen weg ins neue studio im zenter finden werden, weiß sie noch nicht.
/

gangsterer braucht trotzdem nicht die wumme mir in mein gesicht reinhalten.

florentina das leben ist halt ordnungsfremd.

black.

man hört einen frauenschrei.

die zweite leiche ohne herz

der bürgermeister und der gangsterer, zwischen ihnen am asphalt
eine weitere frauenleiche ohne herz.

gangsterer ich glaub, ich hab ein déjà-vu.

bürgermeister ich fass es nicht.

gangsterer da liegt schon wieder eine.

bürgermeister die andere war doch blond?

gangsterer wir müssen jetzt mal ruhe bewahren.

bürgermeister dass ich nicht lach.

gangsterer uns einfach mal konzentrieren.

bürgermeister das ist der absolute supergau!

gangsterer versuchen sie mal ihre mitte wiederzufinden.

bürgermeister ich bin nicht mehr bei mir.

gangsterer selbstdezentrierung hilft uns grade auch nicht weiter.

bürgermeister das alles ist dem untergang geweiht.

gangsterer versuchen sie mal ganz tief einzuatmen.

bürgermeister einatmen? wohin?

gangsterer atmen sie mal da ganz tief hinein in ihre mitte.

bürgermeister das ist es ja, ich find grad meine mitte nicht.

gangsterer sammeln sie sich mal.

bürgermeister da ist kein sammelpunkt in mir.

gangsterer ein kern vielleicht?

bürgermeister kein bürgermeisterkern.

gangsterer was dann?

bürgermeister nichts. ein tiefpunkt nur.

gangsterer morgen wird ihr neues zenter doch eröffnet.

bürgermeister ich hab mich aufgeopfert und dann das.

er deutet auf die leiche.

gangsterer naja, *sie* kann am wenigsten dafür.

bürgermeister man schränkt sich ein. man grenzt sich ein. man dämmt sich ein. man ist nur einer, will ich sagen.

gangsterer sie haben doch auch mich.

bürgermeister gangsterer, it's lonely on the top. man lebt ja nur für die gemeinde.

gangsterer ich steh an ihrer seite.

bürgermeister ich hätt ein leben führen können!

gangsterer der fall wird aufgeklärt.

bürgermeister ich hätt auch wollen.

gangsterer sie haben ihr vertrauen in den falschen nicht hineingelegt.

bürgermeister nur dass das leben, das ich führen wollt, das war zu wild.

gangsterer mit fakten sammeln ist es nicht getan.

bürgermeister ich wollt mich gehenlassen.

gangsterer wenn wir den herzerlfresser greifen wollen.

bürgermeister ganz hemmungslos.

gangsterer wir müssen aktiv werden.

bürgermeister man hat sich keine wildheit leisten dürfen.

gangsterer wie fasst man einen herzerlfresser?

bürgermeister man musste seinen mann doch stehn.

gangsterer er frisst nur frauenherzen.

bürgermeister man musste hier die stellung halten.

gangsterer er hält sich ans gesetz der serie.

bürgermeister man hätt auch gehen können.

gangsterer wir müssen davon ausgehn, dass ers wieder tun wird.

bürgermeister doch ich bin hier geblieben.

gangsterer er ist da draußen, irgendwo.

bürgermeister hab jeden tropfen herzblut in die gemeinde fließen lassen.

gangsterer hungrig.

bürgermeister das amt hat mich ganz ausgefressen.

gangsterer und irgendwo.

bürgermeister so kurz vor der eröffnung.

gangsterer schlägt jetzt ein herz.

bürgermeister schlägt nun zurück die wildnis wieder.
/

gangsterer jetzt hab ich es begriffen. also es hat mich ein einfall
ergriffen. oder besser, ich weiß jetzt, wie wir vorgehn müssen.

*gangsterer verlädt die leiche in eine scheibtruhe und rollt damit
hastig ab.*

bürgermeister wir treten auf der stelle.

der bürgermeister tritt nicht ab.

in bürgermeisters eingeweiden rührt sich was

florentina tritt auf, der bürgermeister gänzlich aufgelöst.

bürgermeister gehens lieber schnell vorbei an mir.

florentina ist das der bürgermeister?

bürgermeister sie finden mich in schrecklicher verfassung.

florentina ich hätt sie fast nicht mehr erkannt.

bürgermeister ich kenn mich selbst kaum mehr.

  bürgermeister fasst sich ein wenig.

florentina warum habens das zenter hier heraußen bauen lassen?

bürgermeister weils brachland war, ging billig her für das investment.

florentina so brach wars gar nicht.

bürgermeister hier lebt doch keiner.

florentina in lacken und in tümpeln pulsierte hier das leben.

bürgermeister die wahlen stehen an, es muss was weitergehn.

florentina sie haben sich doch kaufen lassen.

bürgermeister das einkaufszenter ist doch ein geschäft, bei dems um leben oder tod von der region sich dreht.

florentina ich bin hier rausgezogen, um mit mir selbst allein zu sein. jetzt kommen alle hier heraus. und doch ist jeder mit sich selbst allein.

bürgermeister ich wollte doch ein zentrum der begegnung schaffen.

florentina na, das ging schief, von den fahrgastzellen bis zu den expresskassen herrscht hier nur eine vereinzellung.

bürgermeister die leute wollens halt bequem und sicher.

florentina die hättens doch bequem und sicher auch im alt-stadtkern, mit einer ortschaft drum herum, einem gemein-schaftskörper.

bürgermeister glauben sie, das hätte wen gejuckt. hätt ich hier aufgemuckt, dann stünds halt 40 kilometer da die straße run-ter, auf einem andren sumpf.

und wer nicht hier versumpfen will, fährt dorthin shoppen dann.

ich wollte der gemeinde doch nur eine zukunft schaffen.

florentina hier draußen stirbt ihre gemeinde.

der bürgermeister beginnt zu weinen.

was ist ihnen denn über die leber gelaufen.

bürgermeister mich hats an anderem organ.

florentina was ist heut mit den eingeweiden los?

bürgermeister ich habe nie gelebt!

florentina geliebt?

bürgermeister das auch.

florentina das hängt oft eng zusammen.

bürgermeister ich bin nicht liebenswert.

florentina das stimmt doch nicht.

bürgermeister ich habe mich organisiert.

florentina und wenn ichs ihnen sag,

bürgermeister bin ganz verschwunden in der organisation von der region.

florentina dass auch für sie ein herz grad schlägt.

bürgermeister sie meinen gänzlich unpolitisch?

florentina so unpolitisch liebe sein kann, ja!

bürgermeister wer ists?

florentina ich darf kein wort verlieren.

bürgermeister sie sehn doch, wie ich grad leide.

florentina das leiden *fußt* doch irgendwo.

bürgermeister lassens mich nicht in dem zustand hier zurück.

florentina ein fuß sagt mehr als tausend worte.

bürgermeister sie spielen sich mit meinem herz.

florentina wenns sie in den organen hat, hilft vielleicht eine fußmassage.

bürgermeister bei der irene?

florentina jetzt hab ich schon zu viel gesagt.

florentina ab.

von seltsamen füßen oder
das moritat vom reininger paul

irene und der bürgermeister in irenes neuem studio.

irene herr bürgermeister, sie bei mir?

bürgermeister rudi. einfach rudi. heut bin ich ganz privat der rudi.

irene rudi, was führt sie, also du, dich denn zu mir?

/

bürgermeister die füße sinds.

irene wo drückt der schuh?

bürgermeister ich spür in letzter zeit den druck nicht nur am fuß.

irene hast auch nicht wenig grad zu tragen.

bürgermeister es baut halt die region auf mich.

irene und selbst?

bürgermeister was selbst?

irene wie geht es dir dabei?

bürgermeister mir hat es nicht zu gehn.
ich muss das alles hier ins laufen bringen.

irene und läuft doch gut, also dein traum, das zenter mein ich.

bürgermeister ich träum nicht mehr, seitdem ich in die politik getreten bin.

irene oft schlaf ich wie ein stein. nur wenn ich aufwache, hab ich so ein gefühl, als hätt ich was geträumt.

bürgermeister ich wünscht, ich hätt zumindest das gefühl, dass da was fehlt.

irene öffnet dem bürgermeister die schuhe.

irene du schnürst die schuhe dir zu streng.

bürgermeister mag sein. man will halt trittfest bleiben.

irene wenn du dir keinen klumpfuß holen willst, solltst du dir größre schuhe kaufen.

bürgermeister wenn erst die neue schuhabteilung offen ist.

irene in china wars einmal ein schönheitsideal.

bürgermeister geklumpte füße?

irene ja, da hat man frauen schon mit dreizehn ihre zehn gebrochen und unter ihren fuß geschnürt.

bürgermeister das muss doch schmerzen.

irene auch wenn wir uns in unsre lebensformen quälen, darf man nur nicht vergessen, dass es nur möglichkeiten sind.

bürgermeister das stimmt, man könnt auch anders leben.

beginnt seine füße zu waschen.

irene du wirkst etwas gequält.

bürgermeister mir liegt was auf dem herzen.

irene du kannst mir alles sagen.

bürgermeister da war so eine frau.

irene was denn für eine frau?

bürgermeister sie hat kein herz.

irene kein herz für dich?

bürgermeister und dann noch eine frau.

irene noch eine frau?

bürgermeister auch ohne herz.

irene ich hab ein herz!

bürgermeister pass auf, dass es dir nicht gestohlen wird.

irene das ist doch schon passiert.

bürgermeister bist du dem herzerlfresser schon begegnet?

irene was für ein herzerlfresser?

bürgermeister nachts treibt der hier sein unwesen.

irene wovon sprichst du?

bürgermeister der gangsterer und ich, wir haben frauenleichen ohne herz gleich zwei gefunden.

irene ein leichenschänder?

bürgermeister wir dachten erst, es ist ein tier, das sich ins fleisch reingräbt.

irene schwachsinn. hat das der gangsterer gesagt?

bürgermeister der gangsterer leitet verdeckt ermittlungen.

irene das muss doch ein besessener, ein herzversessener muss das sein.

bürgermeister mir fehlt da jede vorstellung.

irene einer von eigenartigem charakter.

bürgermeister ein heillos suchender vielleicht.

irene bei mir war neulich, fällt mir ein, ein eigenartiger.

bürgermeister bei dir im studio?

irene ganz seltne füße hat der gehabt, ein fleischer.

bürgermeister wie kommst jetzt drauf?

irene er meinte, dass er liebeskummer hat.

bürgermeister liebeskummer?

irene ich drauf, er muss das herz von einer frau erobern.

bürgermeister und das hast du gesagt zu ihm?

irene vielleicht hat ers zu wörtlich genommen.

bürgermeister und dann?

irene dann hat er mir von einem grausamen verbrechen noch erzählt.

herbert hier in der gegend. in dem moor. als noch der fluss alljährlich über seine ufer trat. als noch kein einkaufszentrum auf dem sumpfland stand. als noch ein könig war. als noch kein neon hier die nacht erhellte. als noch der mond das wollgras leuchten ließ. als noch an moorgeister man glaubte. als noch von elfen man still träumte. als irrlichter die phantasie der menschen plagten. als noch da in der schwärze von dem moor man dunkle mächte wähnte.

irene und ich nur: freilich, war wohl eine andre welt.

herbert da trieb sich einer, ein getriebener, hier oft herum. das war der paul, der reininger, vom kartenspiel und von dem saufen duselig. schritt er durchs moor, das sonst man nur betrat, wenn man nicht anders konnt.

irene jetzt steht das neue zenter drauf.

herbert und während er durchs sumpfland heimwärts taumelt,

irene hört stimmen er,

herbert da aus dem moor.

irene muss tiefer rein ins moor, der reininger,

herbert weil ihn die stimmen reizen.

irene reizen ihn, den reininger.

herbert erst denkt er, dass das moor selbst eine sprach aus-rülpst.

irene dann merkt er erst,

herbert dass es die vögel sind,

irene die lauthals krächzen.

herbert die brachvögel, aus ihren langen schnäbeln.

irene aus sieben schnäbeln krächzen

herbert sieben brachvögel im chor.

irene komm rein ins moor.

herbert paul reininger.

irene komm rein ins moor.

herbert paul reininger.

irene was schaust denn so.

herbert was schaust denn so.

irene hast einen vogel du?

herbert wir wolln dir doch nichts,

irene nichts übles sicherlich,

herbert wir wissen, wer du bist,

irene paul reininger.

herbert wir wissen, was du bitterlich begehrst,

irene paul reininger.

herbert musst sieben herzen,

irene sieben mädchenherzen essen.

herbert dann wirst du, was du willst.

irene verschwinden.

herbert unsichtbar.

irene und wollt doch immer schon

herbert der paul, der reininger.

irene den doch das unglück heimgesucht,

herbert wo es nur konnt.

irene der wollt verschwinden können von der welt.

herbert damit das unglück ihn

irene nicht findet mehr,

herbert ganz ortlos sein,

irene ganz ohne einen körper um ihn rum.

herbert drum schlug er,

irene wenn der mond, der alte menschenfresser,

herbert ganz voll am himmel stand,

irene die mädchen tot, die er am wegrand fand,

herbert und fraß dann ihre warmen herzen.

irene und ließ die leichen da im moor versinken.

herbert wo mal ihr herz gewesen ist.

irene dringt nun der schlamm hinein.

herbert und statt dem blut,

irene fließt schwarz das moor durch ihre glieder.

herbert fünf warn es schon.

irene die er entherzt.

herbert und dann ins moor verschwinden ließ.

irene als er gefasst.

herbert konnt er noch nicht verschwinden.

bürgermeister und dann?

irene dann ist er halt gegangen.

bürgermeister wie heißt er?

irene herbert.

bürgermeister und weiter?

irene nichts weiter. er ist gegangen.

herbert auf bald.

bürgermeister ich muss los.

irene bleib noch ein bissl da, mir ist ganz sonderbar.

bürgermeister ich muss zum gangsterer.

irene lass doch den gangsterer.

bürgermeister wir sehn ja am fest uns morgen.

bürgermeister ab.

ein unbekannter

florentina und herbert vor irenes studio.

florentina entschuldigung, kennen wir uns?

herbert wie kann man einen andren kennen?

florentina ich kenn dich nicht, sonst kenn ich jeden hier, mich
kennt sonst auch ein jeder.
so ist das hier.

herbert du bist hier also wer.

florentina nicht wirklich. ich wohn gleich hinterm neuen zenter
in einem wohnwagen. war früher rundherum nur sumpf-
land, das erst bauland und dann kaufland wurd.
und du? was bist denn du für einer?

herbert ein unbekannter.

florentina und willst dich mir nicht zu erkennen geben?

herbert ist man sich erst bekannt, verliert man sich.

florentina gibst den geheimnisvollen?

herbert ich bin mir selbst ja ein geheimnis.

florentina du bist mir etwas unheimlich!

herbert wir lernen uns noch kennen früh genug.

florentina so wird das nix.

rudis rede

bürgermeister liebe kundinnen und kunden, geschätzte freundinnen und freunde, treue wählerinnen und treue wähler.

ein jeder, der mich kennt, der weiß, der rudi ist kein mann / kein mann der leeren worte. der rudi ist ein mann mit handschlagqualitäten, nur hand aufs herz, heut möcht ich auch von meinen handschlagquantitäten reden. es wurde manche hand geschüttelt. und wo das schütteln nichts mehr half, hab ich den einen oder andren allerwertesten betreten / getreten. aber lassen wir die späße, ihr wisst, dass mir unsre region am herzen liegt.

nur was sich selbst auf einen bürgermeisterlichen magen schlägt, ist, wenn die eigene region gewerblich schwächelt, wenn ein bedürfnis, das im bürger wohnt, dort drinnen wütet, wenn es sich nicht vor ort befrieden lässt. und man darum in eine uns so ferne hauptstadt fahren muss. auch unser ausgefallenstes bedürfnis, unser innigster kaufwunsch soll nicht erst weitentfernt in eine erfüllung übergehen. nein, die sehnsüchte der kunden sollen sich bei uns befriedigen lassen können. wenn so ein unerfüllter kaufwunsch einen plagt, wenn der kaufrausch einen packt, muss man sich nun nicht mehr der arroganz der stadtmenschen aussetzen.

der aufschwung ist nun endlich auch bei uns erschwinglich. es schlägt der puls der zeit nun auch in unsrer neuen mitte, das zentrum pumpt mit dem verkehrsgünstigen standort uns allen neues leben in die körper rein. denn nicht umsonst ist in der planung drauf geachtet worden, das zenter auf dem alten kraftplatz zu errichten, der schon seit alten tagen eine sonderbare anziehung hat ausgewirkt. und nicht zuletzt gilt hier mein dank den investoren, die diesen standort finanzierungswürdig fanden und der region damit die zukunft kauften. kurz vor dem herzstillstand war es die holding, die unser wirtschaftswachstum reanimierte, die uns zurück in das geschäftsleben geholt hat. wir werden die renditenhoffnung nicht enttäuschen. denn mit vereinter kaufkraft werden wir den neuen standort halten. um dieser dankbarkeit auch ausdruck zu verleihen, werd ich, im anschluss an die rede, symbolisch einen generalschlüssel dem generalvorstand aushändigen. die zukunft fußt in unsrem herzen. so sagts der werbespruch. und wer noch immer glaubt, dass man ein glück nicht kaufen kann, der war noch nie in unsrem neuen zenter shoppen.

in den kunden herrscht eine zerstreuung

die kundenschaft

    padum
    padum
    papa
    /
    padum
    wir kommen aus den ortschaften,
    den ringsumher verstreuten,
    wir stellen hier die kundenschaften,
    wollen heute was erbeuten.
    padum
    padum
    papa
    /
    padum
    das kundenherz schlägt höher heut,
    sehn wir die angebote,
    sind sie zu schnell schon ausverkauft,
    gibts schon mal kundentote.
    padum
    padum
    pa pa
    /
    padum
    im zenter kommen wir zusammen.
    uns etwas zu zerstreuen.

die wir den parkplätzen entstammen.
unbequemlichkeiten scheuen.
padum
padum
pa pa
/
padum
o neue mitte, nimm uns auf,
durch deine weite pforte,
die langeweile frisst uns auf,
uns fehlen schon – die worte.
padum
padum
pa pa
/
padum
mir war, als hätt ich was vergessen,
mir war, als hätt ich was gekannt,
mir war, als hätt ich nichts vergessen,
mir war, als hätt ich nichts gekannt.
padum
padum
pa pa
/
padum
wie hingeworfen auf ein blatt,
der untergrund wird uns zu glatt,
der wind aus unsren mündern spielt
in unsren ohren, als er einzug hielt.
padum
padum

pa pa
/
padum
wir sind zerstreut, seltsam entrückt,
und doch sind wir entzückt,
was uns an ablenkung geboten,
löst sich in uns ein knoten.
padum
padum
pa pa
/
padum
was wollen heißt, das wissen wir,
ein jeder liebt doch das gefühl,
was man auch will, das kriegt man hier,
es bebt in unsern fingern kühl.
padum
padum
pa pa
/
padum

der gangsterer will heut situationselastisch handeln

florentina und gangsterer am eröffnungsfest.

gangsterer pst, florentina?

florentina was bist denn du für eine?

gangsterer ich bins, der gangsterer.

florentina was soll die aufmachung?

gangsterer gfall ich dir nicht?

florentina willst der irene eine konkurrenz jetzt machen?

gangsterer ich bin heut under cover.

florentina wohl eher unter einfluss.

gangsterer ich ahme nach. so läufts in der natur, deiner natur da draußen.

florentina wovon sprichst du?

gangsterer von bienchen und von blümchen, fleischfressenden blümchen, florentina. das eine ahmt das andre nach. das ist das große schauspiel der natur. ich beispielsweise rieche heut nach frischem mädchenherz. wie so ein sumpfkrug, der mit faulig aasigem geruch die fliegen anlockt, die sich dann in seinen pflanzenschlund reinstürzen. so einen köder, eine verlockung stell ich dar.

florentina wen willst denn du anlocken damit?

gangsterer ich bin ein herzerlfresserköder.

florentina was für ein herzerlfresser?

gangsterer streng geheim. das ist subregional.

florentina fangst auch noch an zu spinnen.

gangsterer das darf kein aufsehen erregen.

florentina was darf kein aufsehen erregen?

gangsterer sieht sich unauffällig um.

gangsterer dass wir zwei mädchenleichen ohne herz gefunden haben.

florentina und du willst jetzt die dritte sein?

gangsterer vermeintlich sichrer futterplatz bin ich, doch das ist nur signalfälschung. wenn er mein herz sich fassen will, dann schnappt die falle zu.

florentina willst ihm dein herz auf dem tablett servieren?

gangsterer corect!

florentina und was ist, wenn er merkt, dass du kein mädchen bist?

gangsterer improvisation. situationselastisch reagieren. das sind die basisfähigkeiten des ermittlers.

florentina du bist nicht ganz bei dir, lass doch den schwachsinn. spiel dich nicht auf als ein ermittler.

gangsterer sieht florentina tief in die augen.

gangsterer in mir drin ist ein ernst zu hause, florentina. heut nacht werd ich den herzerlfresser fangen. das spür ich in den fingern.

florentina du bist doch nicht für voll zu nehmen.

gangsterer am end wird alles staunen, was der gangsterer andi für einer ist. da werd ich ganz neu aus mir raustreten.

florentina ich kann den neuen gangsterer nicht leiden.

gangsterer ich tu das doch für dich.

florentina für mich? dann lass es sein.

gangsterer zu spät, das zielobjekt hat sicherlich die falsche fährte aufgenommen schon.

florentina dann scher dich doch zum teufel!

gangsterer ich ...

gangsterer ab.

florentina und wie ein leuchtwürmchen in dunkler nacht anlockt, was kommen mag. gibts ab sein leuchtsignal, hofft auf
die liebe, dieses würmchen mit dem leuchtorgan. doch was
da aus der schwärze kriecht, das ist kein wurm. kommt ganz
nah ran ans würmchen, bis die nähe unerträglich wird.
macht auf den mund, das düstere geschöpf, aus dem nur
dunkle sprache quillt: »das ist die nacht, das innre der natur.
das reine selbst, das man erblickt, wenn man in meine augen
blickt, in eine nacht, die furchtbar wird.«* da ging es aus, das
licht. war sie dann satt, die nacht, und trotzdem leer.

* g.w.f. hegel: jenenser realphilosophie.

im eignen sumpf

herbert das muss wohl der herr bürgermeister sein.

bürgermeister kennen wir uns denn?

herbert würds einen unterschied machen, wenn man sich kennt?

/

bürgermeister sie stammen nicht von hier.

herbert was kümmerts sie, woher ich stamm?

bürgermeister man … man schert sich halt um seine schäfchen.

herbert und drum ein fest, für die gemeinde?

bürgermeister der neubau, das gehört gefeiert doch.

herbert wenn in früheren zeiten bei der eröffnung einer neuen kathedrale jemand starb, hieß es, der bauherr habe einen pakt geschlossen mit dem teufel.

bürgermeister wie kommens da jetzt drauf?

herbert in vollmondnächten, liegt was vergessenes in der luft.

bürgermeister so etwas hat auf einem fest, wie diesem hier, hats nichts zu suchen.

herbert wo hat es dann etwas zu suchen?

bürgermeister woher soll ich das wissen?

herbert was weiß schon so ein bürgermeister.

bürgermeister wir wollen doch alle einen netten abend nur.

herbert ich nicht.

bürgermeister sind sie von der presse?

herbert vergessen sie die wahlen.

bürgermeister die chancen stehen gut …

herbert und wenn sie noch drei zenter bauen, sie werden sich nicht selbst aus ihrem eignen sumpf rausziehen.

//

bürgermeister werd mich den andren gästen wieder widmen müssen.

herbert nicht dass den schäfchen was passiert.

der ungeschminkte rand

florentina und herbert am eröffnungsfest.

herbert so treffen sich zwei wieder, die sich gar nicht kennen.

florentina auf einem fest kommt halt zusammen, was sich noch nicht kennt.

herbert und sucht sich aneinander festzuhalten.

/

florentina die hüpfburg ist schon in sich eingesunken.

herbert jetzt spielen die großen kinder.

florentina kein kinderschminken mehr?

herbert ab jetzt wird es ganz ungeschminkt.

florentina willst dich mir nicht zu erkennen geben?

herbert wendet sich zur tanzfläche.

herbert wie alle warten schon am rand der tanzfläche, die randfiguren.

florentina sie suchen eine neue mitte …

herbert und finden hier nur noch mehr rand.

florentina heut stürzt man randlos ab.

herbert wir könnten tanzen für den anfang.

florentina und was, wenn ich nicht will?

herbert nur einen tanz.

florentina was krieg ich dafür?

herbert alles.

florentina dein herz.

du schlägst nicht allein

die kundenschaft
und jetzt ein schönes licht.
scheint auf den einen.
in seinem glitzersakko,
auf den alleinunterhalter hinter seinem keyboard hin.
und zieht das mikrophon jetzt an sich ran.
um ganz besonders nah zu klingen.
beginnt nun seine unterhaltung mit dem publikum.
hat in der stimme drin.
in seiner unterhalterstimme jetzt.
so einen klang.
der ein versprechen mit sich trägt.
da klingt jetzt eine hoffnung mit.
so eine hoffnung auf annäherung.
auf zweisamkeit.
da klingt die zweisamkeit jetzt in dem zweiklang mit.
obwohl er doch allein da oben steht.
doch in dem du,
das er ganz nah am mikrophon,
hineinsäuselt.
mit seiner unterhalterstimme.
das du, das jetzt,
fast mikroskopisch schon vergrößert,
das feuchte du,
das sumpfig ausgesungene,
verspricht, versingt den tanzenden etwas,

versinkt in ihren ohren.
sinkt tiefer rein in diesen menschensumpf,
versumpft sich da im menschen drin,
das du,
sucht einen kernmuskel,
wo es die hoffnung dann,
entfalten könnt.
die hoffnung auf ein offenes,
ein gegenüber.
du bist nicht allein.
singt er, der unterhalter, ganz allein.
wenn du schläfst heute abend.
und während sich die tanzenden.
schon ineinanderdrehn.
hört man ganz leise.
einen schlag.
/
padum
durch alle körper gehn.
hat sich der rhythmus angenähert.
und schlagen alle herzen jetzt,
im selben takt.
die kontraktionen takten sich.
das muskuläre hohlorgan.
pumpt rhythmisch blut,
reich an hormonen,
hinein in diese tanzkörper,
padum.
gemeinsamer erregungszustand.
ein zucken durch die zellmembran.
es knistert jetzt in all den herzen.

und füllen sich die vorhöfe mit frischem blut,
das durch die segelklappen,
in die kammern fließt,
in der systole dann,
wird es in all den herzen eng,
schießt jetzt das blut zurück.
hinein in die arterien.
padum.
du bist nicht allein.
und nähern sich
mit jedem schlag nun.
die entferntesten.
mit jedem schlag.
ein schritt.
und treffen sich.
inmitten all der herzen.
die tachykard jetzt werden,
die halten ihren rhythmus nicht.
und werden schneller.
von der nähe angeregt.
und spürt ein jeder jetzt.
das herz am hals schon pochen.
padum.
padum.
padum.
padum.
padum.
padum.
padum.

von der unordnung im leib

herbert in der enge unsrer herzen tragen wir die ganze liebe dieser welt, und könnten glücklich sein. wir könnten glücklich sein, wenn wir nur eine sprache hätten. eine sprache, diese liebe auch zu teilen. könnten wir die liebe nur in worte packen, pressen, stopfen, dann könnten wir sie mitteilbar durch worte machen, diese liebe, die da drinnen in der enge wütet. nur ist die sprache leider noch viel enger als die herzen. da passt buchstäblich nichts hinein. mit worten lässt sich nichts über die liebe sagen.

und möcht man manchmal schreien unter leuten, ebendiesen leuten, mit denen man die liebe teilen könnte, möchte, da müsste man dann schreien, sollte man da, tut man aber nicht. und weil die liebe wütend da im engen herzen sich nicht rausschreien lässt, drum verschmerzt sie sich in eine trauer, heraus aus der engen enge von dem herzen und in die nachbarregionen im herbertkörper, in den magen und wird sauer oder in die leber und wird bitter. und kein schrei nach der liebe. überhaupt kein schrei aus dem herbertmund. nur organische trauer.

gut, dass da auch ein wissen wohnt, dass man ja nicht allein ist in der welt. dass es da draußen auch noch andre herzen gibt, denen es genauso wie dem herbertherzen geht. und auch in ihnen wütet eine unsagbare liebe, und über diesen engen herzen hängen münder, die nicht schreien können, obwohl sie müssten. nur saure mägen und bittere lebern. da hilft der süßeste likör auch nichts, der sich aus sorge sogar in die körper dann gegossen wird.

so lebt man her neben dem anderen. und zwischen all den herzen abgründe. die wir mit keinem mittel überwinden können,

/

muss unsre liebe selbst nicht dieser abgrund sein?

/

und was man nicht gedacht und auch die anderen mit ihren schmerzhaft engen herzen nicht gedacht haben, ist, dass es so etwas wie eine liebe, eine abgrundtiefe liebe überhaupt noch geben kann, in die sich alle fallen lassen können. denn eine liebe ist erst eine ganze liebe, wenn sie in alle facetten, alle einzelkörper geteilt werden kann. das zerteilte ganze als das gänzlich ganze.

diese gewissheit über das splitterganze, das die liebe ist, war nicht immer da in mir. diese einsicht ist beim aufbrechen von einer sau in mich hineingefahren. weil wenn das messer rein ins dunkelst dichte innere von einem andren körper fährt, da komm ich immer auch ins denken. und schlitz sie auf, die sau, und fahre rein ins innere. greif rein ins vieh und wühl in den organen. dieselbe unordnung in jedem leib. und dort im dunkelst dichten winkel von dem schweineleib find ich ein herz. das ich als erstes aus der sau herausschneid dann. und halt das herz noch in der hand. und denk in mir. ein jeder hat ein herz. ein jeder trägt doch so ein blutend offnes herz in sich. und sollte drum auch müssen können. sollt schreien müssen können.

doch wie kann einer, ein ganzer mensch, von so etwas wie liebe sprechen, die kein ganzes ist, ja nie gewesen ist, sondern immer schon zerteilt war, ja erst durch pausenlose teilung zu einem ganzen wird? das hab ich mich gefragt mit diesem schweineherz in meiner hand. und konnte keine ganze antwort finden drauf, nur halbe, teilantworten eines ganzen. muss nicht der mensch als ganzes, ganz zerteilt auch sein? von wegen individuum! zerstückelt ist der mensch wie so eine zerlegte sau.

ein tanz auf dem zerbrochenen organ

florentina und herbert dicht aneinander.

florentina du tanzt fast wie ein profi.

herbert s ist eine frage nur der disziplin.

florentina ich hab gedacht, das hat mit innerer bewegung etwas zu tun.

herbert »disziplin ist, was man hasst zu tun, als liebte man es.« pflegte mein alter herr zu sagen.

florentina lebt der denn noch, dein vater?

herbert ich hoffe nicht.

florentina wie kannst so etwas sagen?

der bürgermeister und der gangsterer ein tänzchen wagend.

bürgermeister gangsterer, die investoren sind schon abgereist.

gangsterer hab einen sagen hören, dass sie heut noch drei weitere eröffnungen hinter sich bringen müssen.

bürgermeister den großen schlüssel, den symbolischen, den habens liegen lassen.

gangsterer der sperrt doch nicht, also in wirklichkeit.

bürgermeister der passt zu einem großen schloss, einem symbolischen.

gangsterer die interessieren sich nicht wirklich fürs symbolische.

bürgermeister was machen die ermittlungen?

gangsterer noch hat sich nichts getan. ich liege auf der lauer.

///

florentina magst mich auf den mund küssen?

herbert ich frag mich oft, warum da aus demselben loch, in das wir unser essen stopfen, warum da unsre sprache auch rauskommt.

florentina du meinst, warum wir nicht aus unsren ärschen sprechen?

herbert das muss doch etwas heißen. wir beißen, kauen, schmecken mit denselben instrumenten, denselben organen, apparaten, mit denen wir die worte fassen. wir sind doch alle bauchredner, die sprache rülpst sich so aus uns heraus.

/

oder manchmal auch nicht, manchmal wollen die worte uns auch gar nicht über die lippen gehen, dann bleiben sie uns im magen liegen. aber verdauen will sich die sprache nicht lassen.

florentina liegt dir grad etwas auf den lippen?

sie küsst ihn.

herbert das essen ist die fortsetzung der sprache mit anderen mitteln.

///

alle und mit dem alkohol

kommt etwas pflanzliches jetzt in die gäste,

da regt es sich im fortpflanzungsorgan,

da sprießt es aller orten.

ein jeder ist ein biotop.

zubetonierter.

nur da im rausch bricht es heraus.

///

bürgermeister gangsterer, sie üben heute eine eigenartige anziehung auf mich aus. was haben sie für ein geheimnis?

gangsterer mein gebrochenes herz.

bürgermeister dann müsste ich erst recht so eine anziehung ausüben.

gangsterer tun sie doch auch, nur spürt man die halt selber nicht.

die anziehung spürt nur das gegenüber.

bürgermeister wie ein magnet, der auch nicht weiß, dass er magnetisch ist.

gangsterer genau.

/

mit wem tanzt denn die florentina da.

bürgermeister drehn sie mich rum.

gangsterer der ist mir gänzlich unbekannt.

bürgermeister die kunden kommen heut von überall.

gangsterer was tanzt die denn so eng mit dem.

bürgermeister vielleicht ist er magnetisch auch.

///

florentina und herbert dicht aneinander.

herbert wir leben in einer zerbrochenen welt.

florentina hast dich schon mal gefragt, wie herzen brechen können?

herbert wenn sie gefroren sind.

florentina ein tiefgefrornes herz,

herbert gleitet es dir aus der hand, zersplittert es am küchenboden.

florentina ein herz in scherben.

man hört ein rumpeln aus der tiefe.

herbert wir verlieren heut den boden unter unseren füßen. alles, was mal eine einheit war, liegt jetzt in trümmern.

florentina was wunderts dich, das alles hier ist doch auf einem sumpf gebaut.

herbert ich hab nie wirklich einen festen boden verspürt unter den füßen.

florentina wir brauchen diesen boden nur, um ihn zu streifen.

//

herbert komm noch ein bisschen näher.

florentina warum?

herbert ich will nicht den kontakt verlieren.

florentina am flüchtigsten berühren sich die eintagsfliegen, die in dem kurzen leben, das sie führen, einmal für einen bruchteil eines augenblicks im flug sich lieben. ihr hochzeitsflug ist das. dann brechen sie für immer den kontakt zum anderen ab und sterben kurz darauf.

wieder allein.

herbert verschwenderisch und ohne maß ist die natur.

florentina doch auch verführerisch. man muss sie einfach lieben.

herbert dabei ist sie, die liebe, selbst ganz unnatürlich.

florentina die liebe ist genauso rücksichtslos wie die natur.

///

bürgermeister das neue zenter kriegt die ersten risse schon.

gangsterer ich weiß.

bürgermeister die pumpen, die das sumpfwasser abpumpen, reichen nicht.

gangsterer es hält nicht dicht.

bürgermeister heut nacht hab ich geträumt, ich träum sonst nie, von einem andren zenter, von einem zenter ohne zentrum, oder besser mit nicht nur einem zentrum, sondern vielen epizentren, ein gewirr, gewucher. verzweigt, verästelt wars wie ein termitenbau, an manchen ecken dringt das sumpfwasser herein. füllt becken, tümpel, undurchdringbares terrain. durchwachsne räume, abgeschiedne ecken, fast wie ein tempel ein versunkener. in allen ecken wimmelt es von leben, ein jeder ausgang ist ein eingang, bewohnt von seltenen geschöpfen, laden einen ein, sich zu verlieren drin.

///

öffnet florentina die bluse.

florentina da ist kein grund.

herbert entdeckt eine narbe auf florentinas brust.

ich hab es überlebt, mein eignes herz.

herbert kein herz, nur eine wunde.

vom wollen sollen

irene also jetzt mal halblang. also mal. also mal einfach die ruhe bewahren. haltet jetzt mal alle die fresse. also wir sind jetzt alle schon, das geb ich zu, dass wir jetzt alle schon gut einen sitzen haben. ist ja auch eröffnung. also feierliche eröffnung. was denn für eine öffnung? fresse halten, hab ich gesagt! jetzt sprechen wir mal, also wir sprechen uns mal aus. alles sprechen wir aus. jetzt wird mal klartext, ich meine klar, klar ist das jetzt vielleicht nicht der rechte, also der richtige zeitpunkt, weil klar hab ich schon, das eine rüscherl oder auch das andere dort an der bar genossen. also gegossen da in meine öffnung. aber man hat ja auch ein schicksal, das man sich vielleicht schönsaufen möcht. haltet doch bitte mal die fresse!

es ist nämlich so: warum?

/

ich glaub, ich hol mir noch ein rüscherl. nein! schluss, aus, ende gelände. jetzt wird endlich mal aus mir gesprochen. warum ist das so schwierig? man will doch nur, dass einen der andere will. also so will, wie man das selber haben will. der andere soll einen einfach mal wollen. aber von sich aus soll der das wollen. von sich aus soll der wollen, aber so wie ich das will. warum will der das nicht? weil wenn ich ihm das sag, wie er das wollen soll, also dann kommt das nicht von ihm. er soll ja er bleiben. aber er soll mich so, also von seinem ganzen herzen, wollen, so wie ich das will.

und da ist es mir dann gekommen, dass ja auch er, der will ja vielleicht mich auch so wollend, wie, wie er will. ich soll ganz ich bleiben und soll ihn trotzdem so wollen, wie er das will, aber von ganzem herzen. und da denk ich mir, scheiß auf das herz. wenn jetzt ein herzerlfresser hier anwesend ist, dann kann er meines haben. als gäb es da ein zentrum in mir drin, das mich gänzlich verkörpert. als wär da drinnen eine pumpe, die mein ich zum zirkulieren bringt. ich bin doch dieses zirkulieren selbst. ich bin der kreislauf, nicht die leerstelle da zwischen meinen händen, an der sich leider ein organ, nutzlose pumpe, nun mal eingenistet hat. wenn man schon lieben muss, dann mit den händen, füßen, mit den zehen, nur niemals mit dem herz.

nur dass gerade in dem augenblick, als ich den rudi tanzen seh, da in dem augenblick, als ich ihn in den armen einer andern seh, da in dem augenblick, als ich ihn engumschlungen seh, da ist mein herz mir sprichwörtlich in meine hose reingeplumpst. und für meinen geschmack ist da drinnen eh schon zu viel los, also rein organisch. und stehe da, das rüscherl in der einen hand, und merke, merke, wie mein herz da in der hose drin aussetzt. das liegt da unten drin und schlägt nicht mehr. da in dem augenblick merk ich, dass ich nach meiner waffe greif.

herbert   kein herz, nur eine wunde.

florentina   das stimmt so auch nicht ganz, hab einen stellvertreter einverpflanzt gekriegt.

/

du bist der, den sie herzerlfresser nennen.

herbert   buhu.

florentina   kommts dir nicht seltsam vor?

herbert   ein jeder sehnt sich doch nach einer anerkennung, nach aneignung durch einen anderen. im grunde unsres her-

zens sind wir doch allein. und so ein tod bedroht uns mit
noch größrer einsamkeit.

florentina und drum verspeist du ihre herzen?

herbert was ich biete, ist ein versprechen, ein versprechen einer
berührung, die keine trennung kennt.

florentina lass mich los.

herbert und zappeln. zappeln tun sie immer noch zum schluss.

florentina lass los.

herbert weil dann die angst sie kleiner macht. und hatten doch
davor schon einen mut gefasst. doch wenn es einmal ernst,
wenn sie mal merken, dass es kein spiel, sucht dann die furcht
der kleingeister sie wieder heim.

florentina wo deine liebe hinfällt, ist ein trümmerfeld.

herbert ich verabscheue jegliche formen der gewalt. du musst
mir glauben, florentina, dass es mich mehr schmerzt noch als
dich.

florentina und will mich losreißen.

herbert auch da in mir stirbt jedes mal etwas.

florentina doch hält mich fest in seinen fleischerarmen.

herbert immer zappeln sie. zappeln um ihr leben. und merken
nicht mal, wie es mich verletzt.

florentina als würd er mich zerquetschen wollen.

herbert das ist die liebe.

florentina beiß rein ihm in den unterarm, dem kannibalen.

herbert und merkens nicht.

florentina und seh wie er, also sie, die irene, seh, wie sie ihre
waffe aus der tasche zieht.

herbert die liebe und sie merkens nicht.

florentina macht einen ausfallschritt jetzt sie.

herbert unter der rippe schneid ich rein.

florentina hält sich die waffe vor ihr aug.

herbert wühl mich durch ihre bauchdecke.

florentina und zielt.

herbert vorbei am magen und entlang der bauchgefäße.

florentina zielt jetzt auf sie, also auf ihn, den gangsterer.

herbert durch das zwerchfell hin zum herzen.

florentina torkelt mit der waffe noch in ihrer hand.

herbert und aus dem saft aus blut und darminhalt. zieh ich das herz.

florentina schielt sie den lauf entlang.

herbert und mach ihr innerstes zu meinem innerst inneren.

florentina das ziel will sich im rausch nicht finden.

herbert wer dauern will, muss sich in mich verdauen lassen.

florentina und weils zu lange dauert ihr,

herbert wird so wieder fleisch von meinem fleisch.

florentina ballert sie drauf los.

herbert mein magen ist ein paradies, das wir verloren haben.

florentina doch trifft ihn nicht, trifft nur die luft.

herbert und graben sich die zähne, meine, rein ins süße fleisch.

florentina und durch den schreck schlüpf ich. entschlüpfe. ihm.

herbert wie marzipan.

florentina und reiße ihr die waffe aus der hand. ihr, der irene.

herbert zerfällt es auf der zunge.

florentina und drück auf seine brust sie.

drücke ab.

und plötzlich auch ein bisschen nichts in herberts brust

florentina
  ein knall.
  dann nichts.
  ein nichts mit einem fleisch drum rum.
  und eine stille.
  kein schrei,
  kein herzschlag,
  auch kein zirpen,
  das jetzt durchquert die stille.
  nichts.
  und dann nur langsam etwas blut,
  das aus dem loch heraus,
  das diese kugel
  aus dem lauf von der pistole,
  die der irene ihre ist,
  herausgeschossen kam,
  ins fleisch
  und mitten durch sein herz
  gerissen hat.
  durch hemd
  und haut,
  zwischen den rippen durch,
  die lunge angekratzt,
  und mitten in sein herz
  zersprengt die blutgefüllten kammern.
  das pumpt nichts nirgends hin mehr.

und sinkt jetzt auf die knie er,
der selbst schon viele herzen ausgeknipst,
der sich an ihnen hat gelabt.
der herbert geht zu boden jetzt.
und auch aus seinem maul,
dem herzerlfressermaul,
kommt jetzt ein blut.
reißt auf sein maul,
die zähne voller blut,
spuckt noch ein bisschen sprache aus.

herbert mein herz.

irene dann ists vorbei,
die herzerlfresserei.
und auch das fest hat so
ein end gefunden.
nur vier sitzen noch da,
weil sie nicht voneinander lassen können.

was herzhaftes zum schluss

irene und der bürgermeister, florentina und gangsterer, hinter ih-
nen herbert in einem tümpel aus blut. irene und gangsterer haben
ihre perücken abgenommen.

bürgermeister das wars mit der gemeindewahl.

florentina hab dir gesagt, dass das kein platz für so ein zenter
ist.

gangsterer sie hat auf mich geschossen.

irene da ists wohl mit mir durchgegangen.

florentina war ein versehen.

irene rudi, warum hast du mit dem getanzt?

bürgermeister das war was dienstliches.

gangsterer sie hat auf mich geschossen.

florentina sie hat auf ihn gezielt, ich habs gesehen und kanns
bezeugen.

bürgermeister notwehr war das.

irene wer weiß, was der sonst noch verbrochen hätt.

gangsterer die hat auf mich geschossen.

florentina andi, jetzt ist dann auch mal wieder gut. war nur der
schreck.
küsst ihn.

gangsterer wie … warum, du hast doch aber grade noch mit
ihm, der jetzt …

florentina das war was dienstliches. ich nenns mal partner-
schaftliche ermittlungen. nachahmung.

irene wennst jetzt mehr zeit hast nach der wahl, vielleicht …

der bürgermeister küsst irene, die ihm die waffe an die brust hält.

ich bin kein leichtes mädchen. vielleicht, wollt ich grad sagen, hast dann mal zeit. was essen gehen zu zweit.

florentina ich krieg grad einen riesenhunger.

gangsterer auf was hast lust?

florentina was herzhaftes.

irrlichtwerden

die kundenschaft
   padum
   ganz leer
   padum
   ganz hohl
   padum
   ganz ausgehöhlt
   padum
   ganz ungänzlich
   padum
   ganz schwindelig
   padum
   fast schon verschwunden
   padum
   ganz aufgelöst
   padum
   fast überwunden
   padum
   und tanzen noch
   padum
   und tanzen noch
   padum
   und tanzen noch
   padum
   ein bisschen weiter
   padum

ein bisschen sind wir noch
padum
ein rest
padum
irrlicht
padum
über dem moor
padum
doch da
padum
im nichts
padum
in uns
padum
da gärt es schon
padum
und werden selbst
padum
uns unbequem
padum
und werden selbst
padum
und werden selbst
padum
und werden selbst
padum
wir werden schon
pa
pa
pa
pa

pa
pa
pa
DUM!

der thermale widerstand

»es ist anzunehmen, dass bei der anerkannt großen frei-
heitsliebe der bevölkerung einerseits
und der erwiesen großen rücksichtslosigkeit
des möglichen gegners andererseits es über kurz oder lang
zwangsläufig zu zusammenstößen kommen wird.«
hans von dach, der totale widerstand

»wir müssen als schweizer armee das undenkbare denken!«
christoph brunner, armeesprecher

»ich untersuche, ob die schiere vielgestaltigkeit der
ausgrenzung
eine größere unterirdische dynamik verschleiert,
die vielleicht auf einer grundlegenden ebene
hinter der vordergründigen vielfalt steht.«
saskia sassen, ausgrenzungen

hannes, bademeister
roswitha, kurverwalterin
walter, bademeister
leon, masseur
marie, beraterin
dr. folz, geologe

die unbesorgten, kurgäste aller art

~ frei unter den kurgästen verteilbare repliken

≈ chorisch gesprochene repliken

pausen:
/   ein schlag
//   zwei schlag
///   drei schlag

was nicht extra erwähnt werden muss

hannes dass man mit dieser weißen uniform sich mehr anzieht als nur ein kleidungsstück. dass man mit ihr, der uniform, gleich einer zweiten haut auch sich eine verantwortung mitüberzieht. dass man diese verantwortung, die keine kleine ist, annimmt. dass man sie trägt, erträgt, man nicht ertrinkt in ihr. dass so, wie man in diese uniform reinschlüpft, auch etwas da in einen selber reinschlüpft dann, dass da etwas hinein in einen schlüpft, was man aus mangel bessrer wörter stutzigkeit nur nennen kann. dass eine stutzigkeit am anfang eines arbeitstags hier in dem kurbad drin einen befällt. oder besser befüllt. dass jeder kurtag mit dieser erfüllung durch eine stutzigkeit beginnt, die für die tätigkeit, die bademeisterliche tätigkeit, gänzlich unentbehrlich ist. weil so ein bademeister, der nicht stutzt, der nicht beim leisesten verdacht einer gefährdung stutzt, der kann sich meinetwillen badegesell, nicht aber -meister nennen. dass eine wahre bademeisterschaft höchste konzentration und stutzigkeit verlangt, weil man sowohl den überblick von seinem sessel aus doch haben muss und trotzdem das unscheinbarste einem nicht entgehen darf. weil sich gerade da im unscheinbaren oft das unheil schon anbahnt. dass man, hat man die uniform erst einmal an, man gänzlich anders auf die wirklichkeit draufschaut. dass man nun die verkettungen, die unheilvollen, die nichts zu suchen haben in einer heilanstalt wie dieser, dass man diese verkettungen schon dort erkennt, dort an der quelle schon erkennt, wo sie entspringen.

und war doch auch mal er, der bademeister, also ich, war auch einmal ein kurgast, ein gewöhnlicher. und weiß doch auch, was tümpeln heißt, was seele baumeln, was entspannen heißt. nur hat sich da, im null-zustand, da, wo sonst eigentlich eine genesung einsetzt dann, ein wunsch nach wahrer bademeisterschaft hat sich da in mir eingenistet.

//

dass mit dem kauf der eintrittskarte jeder hier eine verantwortung auch trägt. dass man das hirn nicht wieder an der kassa liegen lassen darf. dass jeder einzelne verpflichtet ist, den anweisungen des bäderpersonals uneingeschränktest folge zu leisten. dass man die nassbereiche bitte mit angemessener bekleidung nur betreten darf. dass alle badegäste zur größten sauberkeit verpflichtet sind. dass lärmentwicklung aller art man auf das strengste unterlasse. weil doch der lärm hier drinnen nichts zu suchen hat, sucht doch der kurgast zuflucht hier herinnen vor dem lärm, der tobt da draußen. dass man doch bitte sich erhole, um nach dem aufenthalt, nach einwirkung der anwendung, vielleicht auch anders wieder draufzublicken auf die wirklichkeit. dass man dem lärm und toben da in dieser außenwelt sich dann aufs neue stellen kann. dass wir uns hier und heute in einer kuranstalt befinden.

muss man nicht extra noch erwähnen, weil es sich hoffentlich von selbst versteht.

von seismischen aktivitäten in der frau brunner

ein brodeln, blubbern, vielleicht ein wellenrauschen. lange schwe-
lendes badegeschlapfe. dann endlich die kurgäste, kureutinnen
und kureuten, namentlich frau steiner, frau brunner, herr meier
und herr moser.

herr moser fußdesinfektion, herr meier, fußdesinfektion.
herr meier der vormittag ist mir der liebste.
herr moser sie haben ja schon wieder auf die fußdesinfektion
  vergessen.
herr meier die ersten paar minuten, wenn auch das wasser noch
  ganz glatt.
herr moser es geht in diesem fall, ich darf sie dran erinnern,
  nicht nur um ihre füße.
herr meier wenn auch noch keine kinder sich hier tummeln.
herr moser sie gefährden unser aller füße, mit ihrem fahrlässi-
  gen verhalten.
herr meier hörn sie das da?
frau brunner stille.
frau steiner ruhe.
herr moser süßes nichts.
  ///
  man hört ein glucksen.
herr meier nur frau brunners magenknurren.
frau brunner sie entschuldigen.
herr moser stille wasser …
frau steiner in kleinen schlucken das thermalwasser, das heiße.
  in kleinen schlucken.

frau brunner bei gallenleiden aller art?

frau steiner gerad bei gallenleiden aller art!

herr moser oje, sankt gallenleiden.

herr meier ach, hörn sie mir doch auf mit ihrer galle. dass sie uns hier die ruhigsten momente, die doch der tieferen entspannung dienen sollten, mit ihrem tiefen magenknurren immer wieder stören.

frau brunner das ist die schonkost hier.

herr meier das frühstück ist noch keine stunde aus.

herr moser sie sind mir eine schonungslose person, sie.

frau steiner da knurrt der brunner nun der magen schon.

frau brunner ich fürchte fast, der pumpernickel hier bekommt mir nicht.

herr meier von heilfast kann keine rede sein, ein unheilfasten ist das hier.

erneutes magenknurren.

frau steiner sie sollten mal von quelle 11.

herr meier das sind ja seismische aktivitäten, da in der brunner drin.

frau steiner das wasser, das von quelle 11, haben sie das schon gekostet?

herr meier pumpernickel plattenverschiebungen in tektonisch tiefen zonen von der brunner, die zu einem magenbeben führen.

herr moser wussten sie übrigens, dass der erdkern fest ist.

frau steiner was für ein erdkern?

herr moser na da, unter uns.

frau brunner da unterm fliesenboden?

herr moser nicht *direkt* unterm fliesenboden, erst kruste, dann magma, aber dann wieder fest.

frau steiner wieder fest?

herr moser wieder fest!

frau brunner warum fest?

herr moser da fragen sie den falschen.

man hört erneutes glucksen.

frau steiner sie sollten aber wirklich mal das wasser, das von quelle 11 sich einflößen. flößen sie das doch einmal hinein da in den kurkörper, den ihren.

herr moser trinken sie das heilwasser in sich hinein, am oberen ende von dem kurkörper dem ihren.

frau steiner damit die wirkung, diese heilende, bei ihnen sich entfalten kann.

herr meier die schnabeltasse gibts im thermenshop.

frau steiner das dürfen sie doch ihren därmen, ihren innereien, dürfen sie das quellwasser von quelle 11, das dürfen sie ihnen nicht vorenthalten, ihren inneren organen. das spült sie einmal richtig durch. danach kann man dann essen, was man will.

frau brunner wie sehn ich mich nach butterkipferl.

frau steiner darmspiegelung ist da ein dreck dagegen.

frau brunner nach schokoherzen.

frau steiner tabula rasa.

frau brunner nach dosenravioli.

herr moser da steigt der wechselkurs, im stoffwechsel.

frau brunner mit käse überbacken.

herr meier ich bitt sie, halten sie mal ihre stoffwechselöffnungen geschlossen, damit man sich in aller förmlichkeit dem kurdienst wieder widmen kann.

//

frau steiner jetzt lassen sich noch ein paar längen schwimmen, bevor das becken sich mit tagesgästen füllt.

herr moser die tagesgäste, diese eintagsfliegen,

frau steiner schleppen abgewirtschaftet sich hier herein.

herr meier der tagesgast, der sich nur billiges relaxing holen will, kann mir gestohlen bleiben.

frau brunner und sich ein tagesangebot, die wohlfühlpackung, sich hier gönnen will.

herr meier hetzt sich an einem tag durch alle kuranwendungen.

herr moser und ist am abend ausgelaugt,

frau brunner ist ausgewaschen,

frau steiner müder noch als wie zuvor.

herr moser was noch ein wahrer kurgast ist, der kennt doch keine zeit.

frau steiner was noch ein wahrer kurgast ist, der hat die auszeit rausgeschwitzt.

herr meier weil wir ganz maßlos sind.

frau brunner auszeit von was?

herr moser ein tagesgast im kurbad ist ein witz mehr nicht.

herr meier drum nichts wie rein ins jungfräuliche becken.
erneutes glucksen.

//

frau brunner man sollt vielleicht doch erst mal ruhen nach der mahlzeit.

herr moser da hat sie recht.

frau steiner weil so ein krampf im wasser.

frau brunner ein wadenkrampf

herr moser das ist der sichre tod.

herr meier ich werd mich doch erst mal in ruhe lassen.

von ungewöhnlichen heilmethoden

roswitha und leon vor den behandlungszimmern.

leon der schleicht herum.

roswitha dreht ordnungshalber seine runden.

leon der pirscht sich an in seiner weißen uniform.

roswitha er bleibt dezent im hintergrund, um trotzdem einen überblick nicht zu verlieren. wie es sich halt gehört für einen bademeister.

leon dem hannes ist nicht ganz zu trauen.

leon sieht sich um.

es könnte sein, dass er uns grad beobachtet.

hat sich da drin in seinem spind, hat er sich eine kleine bibliothek drin eingerichtet.

sassen, sennet, sharp, žižek

/

hans von dach.

roswitha die kurgäste, die restlichen, die lieben ihn, weil er doch auch mal kurgast war.

leon der spielt sich auf in seiner uniform, als hätt er nie was anderes gemacht.

roswitha vermittelt unsren kunden so ein gefühl von sicherheit.

leon der hannes hat das bad noch nie vor mir verlassen. und morgens, bevor die ersten gäste kommen, dreht er schon seine runden.

roswitha dass er es mit der pünktlichkeit streng nimmt, ist aus meiner sicht, also aus kurverwalterischer sicht, von größtem interesse.

leon womöglich nächtigt er im bad.

roswitha mumpitz.

leon zieht sich des nächtens in den untergrund zurück, da in die pumpenräume unterm bad.

/

der hat so eine spannung, eine innere verspanntheit. das sagt mir doch mein blick, mein chiropraktischer, dass da was chronisches sich eingenistet hat, da in der haut von dem.

roswitha sie überdiagnostizieren wieder mal.

leon an seinem letzten arbeitsplatz, im freibad, soll es zu vorfällen gekommen sein.

roswitha was denn für vorfälle?

leon wassergymnastischer natur. ein badegast wär fast ertrunken.

roswitha als neulich sich der nichtschwimmer ins tauchbecken verirrte, da waren wir doch alle froh, dass nicht der walter ihn heraus hat fischen müssen.

leon der walter hat halt andre qualitäten.

roswitha herr leon, ich muss ihnen doch nicht erklären, dass wir uns hier in einer heilanstalt befinden.

leon mir wohl am wenigsten.

roswitha es sucht der kurgast linderung von seinen leiden hier.

leon die körperliche als auch seelische genesung ist mir das oberste gebot.

roswitha dann warum kommen mir seitens der kurgäste, zumal der weiblichen, klagen zu ohren?

leon was denn für klagen?

roswitha man klagt über fehlende anteilnahme am kurdienst ihrerseits.

leon meinen behandlungen fehlt es an nichts.

roswitha wir sprechen hier von graubereichen.

leon was denn für graubereiche?

roswitha das muss ich ihnen als masseur doch nicht erklären.

leon da muss ich leider sie enttäuschen. ich weiß beim besten willen nicht, was sie jetzt meinen.

roswitha die damen sprachen allgemein von »emotionalem einsatz«,

macht eine uneindeutige geste.

an dem es mangelte.

leon sie meinen …?

wiederholt die geste.

roswitha worauf es ankommt, ist doch eine heilung,

leon sie sagen es.

roswitha gar nicht so sehr, wie man dorthin gelangt.

leon vor ihnen steht kein kurpfuscher und keine kurtisane.

roswitha die kunden wollen sich doch fallen lassen. in ihre professionellen hände fallen lassen.

wir dürfen uns alternativen praktiken nicht mehr verschließen. es geht um eine belebung müder kurkörper.

leon sie ziehen mein gewerbe in den schmutz.

roswitha in zeiten, in denen jeder bohren kann, so tief er will. in denen es kaum städte gibt, die noch kein bad im namen tragen. in denen thermen wie geysire aus dem boden schießen, müssen wir auch wettbewerbsfähig bleiben. die thermen fressen gegenseitig sich die bäderkunden weg. ein jeder hat in dieser phase eines globalen thermenkannibalismus sein opfer auch zu bringen.

leon ich …

roswitha schluss jetzt! sie geben sich mehr mühe.

//

und jetzt: entstauungstherapie bei der frau brunner.

leon bei der staut sich so manches an.

roswitha und dann hot stone mit der frau steiner.

leon ab.

kannst, walter, wieder auftauchen.

walter was wollt denn der?

roswitha wegen dem bademeister, diesem neuen.

walter der macht doch seine arbeit gut.

roswitha der macht sie besser würd ich sagen noch als du. ich werd dich feuern müssen.

walter der hat halt einen arbeitseifer noch,

roswitha was man von dir ja nicht behaupten kann.

walter wer lange hier herinnen ist, dem setzt die wellness zu.

roswitha versuchst jetzt deine faulheit schönzureden?

walter paradiesdepression. wie auf den schönsten südseein- seln, wo weiße strände sich in blaue fluten stürzen, könnt man die seele baumeln lassen. stattdessen hofft man nur, dass eine abgestürzte kokosnuss den eignen kopf in trümmer legt. nur mehr ein fleck am weißen strand. es ist zu viel zu- friedenheit halt unerträglich.

roswitha bei dir besteht wohl kaum gefahr.

walter dafür hat unsereiner qualitäten andrer art.

sie küssen sich.

zum beispiel mund zu mund mit zunge.

roswitha was, wenn uns wer beobachtet.

walter gestern kurz nach badeschluss kam eine frau zu mir.

roswitha ich will von deinen unerlaubten badefreuden nichts erfahren.

walter roswitha, man hätte möglichkeiten, natürlich hätte man auch möglichkeiten mit *der* statur als bademeister, mit meinen qualitäten. nur was sind all die möglichkeiten gegen dich? die frau …

roswitha du bist unmöglich.

walter die frau hat ihren ring im sportbecken verloren. wenn
ich ihn wiederfind, dann wird es amtlich zwischen uns. rosi,
wir machen unsre liebe wasserfest.

wider dem klima der entspannung

leon steht am beckenrand, der blick starr ins wasser gerichtet.
von hinten schleicht sich hannes an ihn ran und erschreckt ihn.

leon das hab ich ihnen schon einmal, hab ich ihnen gesagt,
dass ... dass sie mich nicht erschrecken sollen.

hannes hier drinnen herrscht ein klima der entspannung.

leon das ist ja auch ein kurbad.

hannes und trotzdem muss man wachsam bleiben.

leon außer ihnen gibt es hier drinnen kaum eine bedrohung.

hannes an allen ecken lauert die gefahr. das wasser, gerade das
thermale, kann der beste freund oder der schlimmste feind
auch sein.

leon und was, wenn ich einmal ins wasser stürz?

hannes dann fisch ich sie halt wieder raus.

leon von ihnen will ich mich nicht fischen lassen.

hannes und was, wenn ich sie trotzdem rette.

leon dann haben sie mit konsequenzen, rechtlichen, zu rechnen.

hannes herr leon, so was wie sie darf doch nicht untergehen.

leon so was wie ich?

hannes sie sind das letzte rinnsal davon, was früher mal ein
strom.

leon wovon bitte sprechen sie?

hannes balneologie, die wissenschaft des öffentlichen badens.

leon sie meinen bäderkunde?

hannes was kaum wer weiß, dass all die römischen erfolge auf

dem gebiet der kriegsführung auf *einen* schlichten fakt zu-
rückzuführen waren.

leon und der wäre?

hannes sie wussten noch zu baden.

leon das römische thermalimperium.

hannes in jedem größrem stützpunkt gab es eine therme.

leon man merkt, sie haben durchaus fachwissen.

hannes es geht hier nicht nur ums verwöhnen. das alles hier hat
einen tiefren grund.

leon was hat sie denn so abgebrüht?

hannes in wirklichkeit wirkt alles nur sehr heilsam hier herinnen. von kartharsis kann keine rede sein. wir lassen uns in
dampfbädern benebeln. bis wir nurmehr das leise prickeln
auf der haut. dabei wär doch die kur auch eine chance, wär
eine nische, sich drin wieder neu zu fangen, einen neuen anfang draus zu schöpfen.

leon vielleicht das kurwesen als eine kunst wiederentdecken.

hannes wir schuften hier für den benebelungsbetrieb und
könnten anders doch.

leon den körper unter abgestorbnen schichten freilegen.

hannes ich trau unsrer behaglichkeit nicht mehr.

leon da sind sie hier in diesem wellnesstempel vielleicht fehl
am platz.

hannes gerade hier muss man doch ansetzen, in dieser hölle der
bequemlichkeit.

leon sie nehmen diese sache gerne mal zu ernst.

hannes die kur als abhärtung verstehen.

leon vielleicht das kurbad selber therapieren?

hannes ich sehe schon, wir beide schwimmen auf derselben
welle.

leon nur hat die kurleitung hier andre sorgen.

hannes die bohrt nach neuen quellen, neuen einnahmequellen.

leon die roswitha von der kurverwaltung hat nur augen für den walter.

hannes herr leon, es kommt noch eine zeit, wo jeder einzelne masseur, wo jeder bademeister zählt.

ein kurioses zwicken, doch kein sprung

die kureutinnen und kureuten am beckenrand.

herr moser fußdesinfektion, herr meier, fußdesinfektion. sie haben mir schon wieder auf die fußdesinfektion vergessen.

herr meier bei mir hat es ganz unscheinbar, fast unauffällig angefangen.

herr moser dabei ist es im höchsten maße wichtig, dass man die maßnahmen, also die hygienemaßnahmen, so sorgfältig wie möglich, muss man die an sich ausführen.

herr meier ein leises zucken.

/

frau steiner hier.

herr meier ein kurioses zwicken.

/

frau steiner da.

frau brunner und dann:

herr meier ein penetrantes ziehen.

herr moser sie kontaminieren uns das ganze bad mit ihren pilzbefallenen tretern.

herr meier wie schon gesagt, ganz unscheinbar.

frau steiner das schlimmste ist doch eine innere gewissheit, die sich von außen nicht beweisen lässt.

herr meier meine symptome waren unermesslich. der kurbescheid, das war ein harter kampf.

herr moser sie identifizieren sich zu sehr mit ihren symptomen.

frau steiner beide eindeutig unscheinbar.

herr moser herr meier, ich sag es ihnen noch ein mal in voller deutlichkeit: verwechseln sie sich nur nicht mit ihren symptomen.

frau steiner ich für meinen teil hab mich am anfang schon auch mal mit meinem hüftleiden verwechselt.

herr meier ach, süßes leiden.

frau steiner da war ich ganz mein hüftproblem.

herr meier sich darin wühlen.

frau brunner sich in seinen beschwerden suhlen.

frau steiner ich war ganz unverwechselt.

frau brunner und dann?

frau steiner dann wurd die hüfte ausgewechselt.

herr meier und weg ist auf einmal der lebenssinn, den das gebrechen gerade noch gespendet hat.

frau brunner wenn sich die zugenesende genossen hat, also gänzlich genesen ist, dann hat sie sich doch überwunden.

herr meier überwinden, sie sagen es, frau brunner, überwinden muss man sich am frühen morgen. weil doch die wasserscheu nur größer wird, sollt man noch zuwarten.

herr moser die badefreude überwiegt.

herr meier die aufwärmübungen vorm ersten sprung sind unverzichtbar.

frau brunner herr meier ist ein kurkenner der routinierten sorte.

herr meier die knie beugen bis in die sitzhaltung und einatmen, so kurz verharren.

herr moser mehr geht nicht mehr.

herr meier und ausatmen, nicht auf das ausatmen vergessen.

frau steiner vor dem ersten sprung,

herr moser dem ursprung sozusagen,

frau steiner den körper immer kurz befeuchten,

herr meier nicht dass er sich erschreckt.

herr moser   es könnt der trockne körper von all der feuchtigkeit im becken einen anfall noch bekommen.

frau brunner   der kopfsprung ist nur von der kopfseite gestattet.

/

herr meier   uh.

/

ah.

da ist es wieder.

frau brunner   was wieder?

herr meier   als wär da in mir drin ein innrer widerstand.

frau steiner   was für ein widerstand am beckenrand?

herr meier   uh, da ist das ziehen wieder. ich werd mich doch erst mal in ruhe lassen.

herr moser   die wasserscheu.

herr meier   mit wasserscheue hat das hier nix zu tun.

herr moser   was denn?

herr meier   wir wollen hier nichts überhasten.

frau steiner   seichtes geplantsche gibt es eh genug.

herr meier   auf in den ruheraum!

/

herr moser   fußdesinfektion, herr meier, fußdesinfektion.

der brockenforscher folz

dr. folz am beckenrand, eine probe mit einer pipette entnehmend.

dr. folz und unter uns liegt er in schichten, liegt brüchig da der brocken, den wir unsre erde nennen. porös schießt er durchs all, durch dieses nichts drum rum. und in den schluchten, schloten, ritzen klammert ein gewimmel, das man gemeinhin leben nennt. dort, wo das wasser heiß quillt aus den tiefen, wo mineralstoffreich sich tümpel füllen, wo brodelnd ursüppchen auskochen, dorthin kehrt heute noch das ausgefallenste geschöpf, erschöpft vom leben da an land, gern mal zurück.

roswitha was wird das da?

dr. folz ich schöpfe.

roswitha hier wird nicht rumgeschöpft.

dr. folz folz mein name, ich forsche hier.

roswitha ah, herr doktor folz, verzeihn sie meine forsche art. was macht die studie?

dr. folz die hydrogeologie ist ein sensibles fach.

roswitha da gibt es wohl verschiedne strömungen.

dr. folz sie meinen felder.

roswitha sparten!

dr. folz jede studie braucht ihre zeit, erwarten sie sich keine sprünge.

roswitha das springen ist hier drinnen sowieso verboten.
lacht.

dr. folz /

roswitha kann man die prozedur etwas beschleunigen!

dr. folz wollen sie mich unter druck setzen?

roswitha die qualität des wassers ist historisch doch verbürgt. sogar der zar hat hier ...

dr. folz der zar hat keinen einfluss auf die messungen.

roswitha es drängt, wir haben einen softdrinkriesen an der angel.

dr. folz das schöne an der zeitrechnung, zumal der geologischen, ist, dass uns die epoche, in der die softdrinkriesen diesen erdenball bevölkerten, nur peripher beschäftigt.

roswitha das unternehmen möchte kapital in unsre quellgesellschaft pumpen. fließt es erst mal, wirds auf dem weg zur forschung nicht versickern.

dr. folz ich lass mich nicht von ihnen schmieren.

roswitha das ... da ... also da haben sie mich gänzlich falsch verstanden. von schmieren kann doch keine rede sein.
ich wollte ihnen nur noch mal in ihr gewissen rufen, was an der sache alles hängt.

dr. folz dann lassen sie gewissenhaft mich meine arbeit tun.

trockenübungen

die kureutinnen und kureuten angespannt am beckenrand.

frau steiner na springen s schon.

herr moser die beine durchgestreckt.

herr meier da von dem beckenrand sich abstoßen.

frau brunner die arme ausgestreckt.

frau steiner die hände schön gefaltet.

herr moser weit überm kopf.

herr meier na springen s schon.

frau brunner die hände schön gefaltet.

frau steiner damit sie auch als erstes in das wasser tauchen.

herr moser damit sie in die wassermassen dringen.

herr meier sie aufspalten.

frau brunner damit der körper dann.

frau steiner der kurkörper.

herr moser reinschlüpfen kann.

herr meier ins kühle nass.

frau brunner wieso denn kühl?

frau steiner in das thermale nass.

herr moser na springen s schon.

herr meier wenn nur die oberflächenspannung nicht

frau brunner sich übers wasser spannen würd.

herr moser na springen s schon.

frau steiner darunter ist es kein problem.

herr moser da drunten wartet eine schwerelosigkeit.

herr meier da wartet schwerste losgelöstheit von den dingen.

frau brunner nur weil kein molekühl am rand sein will.

frau steiner weil keines an der oberfläche liegen will.

herr moser weil alles in die mitte von dem wasser drängt.

herr meier drum bildet sich so eine haut.

frau brunner die mit der kleinsten fläche unsrer haut,

frau steiner durchdrungen werden will.

herr moser weil wenn der sprung schiefgeht.

herr meier kein kopfsprung,

frau brunner keine kerze,

herr moser sss

frau steiner sondern die kapitalste bauchlandung,

herr moser dann zeigt das wasser,

herr meier das thermale nass,

frau brunner sich gern mal von der unheilsamsten seite.

frau steiner drum lieber noch ein bisschen trockenübungen.

herr moser bis dann sich eine sicherheit einstellt.

herr meier eine gewissheit.

ein strömungswiderstand

marie und hannes beide völlig durchnässt am beckenrand, beide um luft ringend.

hannes sie …
marie das war …
hannes sie …
marie das hätte …
hannes sie …
marie das ist …
hannes sie …
  //
  warum?
marie warum was?
hannes warum versuchen sie sich zu ersaufen hier?
marie warum ziehen sie mich raus?
hannes warum?!
marie bestzeit wär das gewesen. weit über drei minuten.
hannes was heißt hier bestzeit?
marie apnoe. geräteloses tauchen. mit einem atemzug bleibt man minuten unter wasser.
hannes verliert man das bewusstsein, säuft man ab.
marie bis an die eignen leistungsgrenzen gehen, ein schwellen-zustand. kurz vor der ohnmacht taucht man wieder auf.
hannes in ihrer badewanne können sie gern tun und lassen, was sie wollen. das hier ist meine wanne, hier habe ich das sagen.

marie wir kaufen sie.

hannes ich bin nicht käuflich.

marie sie doch nicht. wir kaufen diese quelle. und auch das kurbad drum herum.

hannes was heißt hier wir?

marie die firma, meine, also bei der ich angestellt bin, als beraterin in schwierigen investmentfragen.

hannes so dumm ist nicht einmal die quellgesellschaft.

marie der vorstand zeigt sich einverstanden. wenn ich zustimme, ist der kauf besiegelt.

/

hannes und?

marie schwer zu sagen, sie haben mich ja eben unterbrochen.

hannes wie jetzt?

marie unkonventionelle entscheidungsfindung.

hannes was hat das denn mit rentabilität zu schaffen, wenn sie hier halb ersaufen unter meiner aufsicht?

marie heutzutage wird im millisekundentakt gehandelt. die wirtschaft fliegt auf autopilot, wenn sie so wollen. ich bin so eine art störung, strömungswiderstand im digitalen fluss.

hannes sie entscheiden also aus dem bauch heraus?

marie einen betrieb wie diesen hier zu prüfen dauert monate. wenns schnell gehn soll, vertraut man auf intuition. den menschlichen faktor, ein unvermögen, das wiederum vermögen generieren soll.

hannes so, raus jetzt!

marie ich denk ja nicht daran.

hannes fasst sie am arm.

lassen sie mich auf der stelle los!

roswitha tritt auf.

frau roswitha, bringen sie den mitarbeiter wieder unter ihre

kontrolle hinein. der pflegt hier einen umgang mit den gästen.

roswitha es hat herr hannes bisher sich nichts gröberes zu-
schulden kommen lassen. im gegenteil ...

marie frau roswitha.

sie entschuldigen die frage, aber,

//

wie alt sind sie nun eigentlich?

roswitha was tut das denn zur sache hier?

marie falls wir anlegen, und es gibt durchaus auch noch andere
optionen, wird man mit einem jungen team den neustart wagen wollen.

roswitha man fühlt sich doch so alt man, man, man ist doch alt,
wie man sich fühlt ...

marie genau das pflegte meine großmama zu sagen.

es geht hier auch um ihre zukunft, ich darf sie dran erinnern.

roswitha es wird sich nichts geleistet mehr.

marie das wusst ich doch, dass man auf ihre lange, langjährige
erfahrung bauen kann.

sieht sich um.

wir werden renovieren müssen. das alte eisen muss hier raus.

marie ab.

roswitha sind sie denn völlig übergeschwappt!

hannes die badeordnung ...

roswitha badeordnen sie sich selbst erst mal!

hannes es gibt hier klare regeln.

roswitha das fräulein bildet eine ausnahme der regel.

hannes dann stimmts also?

roswitha herr hannes, pegeln sie sich ein, nicht in diesem ton.

hannes sie liquidieren unsre quelle?

roswitha das hat sie nicht zu kümmern.

hannes jede quelle ist doch heilig.

roswitha wird erst mal investiert, ist das ein sprungbrett in den thermenolymp. dann ziehen wir gleichauf mit ragaz oder vals, luxusbadefreuden für die absolute kurelite.

hannes wird so die öffentlichkeit ausgeschlossen.

roswitha ausschließlich exklusivster rahmen.

hannes dann wird das kurbad für die meisten unerschwinglich.

roswitha die meisten sind hier überflüssig.

hannes die bäder denen, die baden gehen.

roswitha wir bauen aus, nein, komplett um. wir konzentrieren uns, das heißt auf innre werte. t.e.h., traditionell europäische heilkunst. saunalandschaft: alpendorf anstatt dem schmuddligen hammam. der kunde ist doch heute traditionsbewusst.

hannes gerade das hammam hat doch die längste bädertradition.

roswitha da müssen wir uns auch ein bisschen auf die wünsche unsrer kunden einstellen. anpassung an die komplexe situation des wellnessmarktes.

hannes verwässerung!

roswitha das kurbad bleibt auch von der zeit nicht unberührt.

hannes sie wissen gar nicht, was sie hier zerstören.

roswitha es reicht! sie sind gefeuert.

hannes dann bin ich halt von nun an nur mehr badegast.

roswitha wenn zu einer vernunft sie nicht zurückkehren wollen wieder, muss ich, und das schmerzt mich jetzt mehr als sie, muss ich … ich muss es also aussprechen. sie haben hiermit und zwar auf unbestimmte zeit:

badeverbot!

roswitha ab.

vom körperlosen sprung zum satz

kurgäste ~ und plötzlich,
　　　~ wie aus dem nichts,
　　　~ ein sprung.
　　　~ wo vorher alles sprunglos,
　　　~ ganz unsprunghaft gewesen ist.
　　　~ hier drinnen ist die welt versiegelt doch,
　　　~ verfugt und zwischen glatten fliesen
　　　~ lauert hier herinnen keine leere.
　　　~ nur fugenschaum,
　　　~ wo dieser innenraum
　　　~ von einem außenraum gefährdet werden könnt.
　　　~ kein haarriss schummelt unbemerkt
　　　~ sich in den nassbereich.
　　　~ weil dieses wasser viel zu kostbar ist,
　　　~ als dass man heimlich
　　　~ es versickern lassen dürft.
　　　~ hier bleibt es an der oberfläche,
　　　~ der glitschig, rutschigen.
　　　~ ein jeder wunsch nach tiefe gleitet ab
　　　~ an der verfliesung.
　　　~ und fließt kondenswasser
　　　~ in schlieren fließt es
　　　~ über diese makellose wand.
　　　~ sucht einen ausweg
　　　~ eine öffnung sich.
　　　~ hofft noch

~ auf ein klein bisschen unverschämte grenzenlosigkeit,
~ doch nichts.
~ kein riss
~ und auch kein bruch.
~ kein spalt und auch kein knacks.
~ sucht dieser tropfen hier
~ vergeblich eine offenheit.
~ und doch ein sprung,
~ ein körperloser sprung.
~ der sich grad da
~ im bademeister drin vollzieht.
~ macht einen sprung jetzt in ihm drin
~ ohne den körper auch zu rühren.
~ es rührt sich in ihm drin
~ wenn man so will.
~ springt einen rittberger,
~ rittlings in sich.
~ der bademeister bleibt ganz still,
~ doch da in seinem inneren
~ in seinem innerst inneren,
~ zuckt jetzt der sprung,
~ verästelt sich,
~ beginnt zu laufen.
~ wie eine laufmasche
~ zieht sich der sprung durch seinen innenkörper.
~ schlägt saltos unter seiner haut.
~ und außen
~ außen ist noch immer nichts zu sehen
~ von diesem sprung,
~ dem aufruhr in der tiefe.
~ sieht ganz adrett noch aus

~ in seiner weißen uniform.

~ ganz bademeisterliche form

~ steht er im kurbad drin.

~ er wirkt noch ganz.

/

~ doch wenn man näher hinsieht.

~ wenn man die bademeisteroberfläche mal ganz nah ansieht,

~ unter die lupe nimmt,

~ könnt man auch hier den sprung entdecken schon.

~ sieht man sich beispielsweise nun sein linkes augenlid mal
an.

~ dort auf dem augenlid

~ dem sprungbrett in die seele.

~ da sieht mans springen schon.

~ da zuckt eine nervosität,

~ die einen tiefren grund im bademeister hat.

~ denn da in ihm stürzt es

~ im freien fall jetzt auf die wasseroberfläche zu,

~ die spiegelglatte.

~ zerreißt die haut des wassers

~ durch die wucht des sprungs.

~ und wo es glatt gewesen ist,

~ da findet sich nun nur mehr schaum.

~ da sprudelt es,

~ da wallt das wasser,

~ brodelt gar.

~ und aus der schwerelosigkeit am grund,

~ aus dieser von den nichtschwimmern gefurchtnen sphäre,

~ von da bricht es jetzt aus dem bademeister raus.

~ ein sprung jetzt aus ihm raus.

~ ein evolutionärer,

~ nein,

~ revolutionärer sprung,

~ ein satz.

~ aus ihm sprichts jetzt ganz grundsätzlich.

///

hannes wir werden untertauchen.

///

dr. folz da tut sich eine schwellung auf, ein hämatom unter den kacheln. es beult ganz unauffällig sich der boden aus. da regt sich was im untergrund. und hebt sich ab ganz unscheinbar, ganz leise lautlos gerät hier etwas aus den fugen. was lange schon im erdreich drunten hat sich fortbewegt, zeigt eine wölbung nun auch an der oberfläche. ein unterirdisches gewölb, das sich nach außen wälzt. als wollten alle fliesen gleichzeitig aus dem grund rausbrechen. als würd der boden eine welle schlagen wollen.

///

widerstandswurzelbehandlungen

leon und marie, letztere auf einer massageliege.

marie sie kneten wie ein gott.

leon das kneten ist noch keine kunst.

marie fühlt sich phantastisch an.

leon ich taste mich heran ans unmassierbare im menschen.

marie ich werd gleich ohnmächtig.

leon dann sind wir richtig unterwegs.

    //

marie ich hab so ein gefühl …

leon was denn für ein gefühl?

marie als wär mein körper mir zu klein.

leon wir haben nur den einen.

marie als wär mir meine haut zu knapp.

leon die dehnt sich früh genug.

marie und dann ein druck da in der brust.

leon der körper leistet widerstand.

marie wogegen denn?

leon die falsche haltung.

marie dabei vermeid ich jede unbequemlichkeit.

leon das ist es ja, die allgemeine schonhaltung führt nur zu weiteren beschwerden.

marie was fehlt mir dann?

leon es fehlt an rückgrat.

marie wollen sie jetzt sagen, ich sei haltungslos.

leon wir lösen die blockade, damit es wieder fließen kann.

marie die heilende berührung ist immer eine doppelte.

leon es ist ein geben und ein nehmen.

marie massieren heißt doch immer auch massiert werden.

leon mit maß und ziel.

marie hörn sie nicht auf.

leon wir arbeiten uns vor durch alle schichten. durch epidermis, dermis, vorbei an meissner-körperchen, an merkelzellen und an schweißdrüsen bis in das subkutane fettgewebe. und schicht für schicht, bis an die wurzel ihres widerstands.

marie als würden sie ganz sanft mit ihren händen unter meine haut mir kriechen.

leon wo wohnt der schmerz?

///

dr. folz im wärmsten becken. in dem das wasser, das thermale, pur reinsprudelt. in dem die heißen quellen unvermischt sich reinergießen, damit die inhaltsstoffe ihre volle wirkung dort entfalten können. dort, wo den kindern auch das baden schon verboten ist. dort zeigen meine messdaten die anormalsten sprünge. das wasser ist zu heiß, weicht ab von dem normalwert. man sollt das becken sperren lassen, könnt sein, dass man sich drin verbrüht, wenn weiter noch die temperatur ansteigt, erreicht den siedepunkt es heute noch.

///

leon ich hab sie heut beobachtet.

marie sss, da sitzt der schmerz.

leon wie sie am wasser drauf gelegen sind, gerade so, mit dem gesicht nach unten.

marie und wollten mich nicht retten?

leon wie eine wasserleich.

marie der regungslose körper braucht kaum sauerstoff.

leon ist das ein sport?

marie für mich mehr ein vergnügen.

leon ich stells mir eher unvergnüglich vor?

marie mit jedem atemzug, bevor ich tauch, wird es mir leichter innen drin. bis dass mein herz ganz ruhig und träge schlägt und meine glieder schwerelos im wasser treiben. und müde lege ich mich hin. bin uferlos.

//

dann treibe ich ganz antriebslos.

leon wir widmen uns nur den symptomen.

marie wie so ein flugkörper, der auch das letzte triebwerk abgeworfen hat.

leon die ausgebrannten kommen hier zu uns. den brandschaden behandeln wir.

marie verschwinde in dem fluss der dinge.

leon wir dämmen ein, wir machen wieder fit, funktionstüchtig.

marie verliere jeden grund.

leon doch eine brandbekämpfung gibt es nicht.

marie nur da in mir rauscht leise eine brandung.

leon die ursache bleibt unberührt.

marie so eine welle aus dem nichts.

leon es bleibt unser gesellschaftskörper unmassiert.

marie die mich dann wieder an die oberfläche spült.

leon vorsicht, ich aktiviere jetzt ihr sakral chakra.

marie beginnt zu weinen.

unter quarantäne

walter und roswitha schwitzen.

roswitha ist denn der hannes wieder aufgetaucht?

walter schwer zu sagen.

roswitha was soll das heißen, schwer zu sagen?

walter das bad verlassen hat er nicht.

roswitha wie kannst dir, walter, da so sicher sein.

walter hier kommt man nicht so einfach raus.

roswitha den schildern richtung ausgang folgen?

walter das ist es ja …

roswitha jetzt sag schon, walter, was ist los!

walter er hat die ausgangstür versperrt.

roswitha die notausgänge?

walter abgeriegelt.

roswitha die fenster?

walter griffe abmontiert.

roswitha dann sind wir also eingesperrt?

walter unter quarantäne sozusagen.

roswitha kurgeiseln eines wahnsinnigen.

walter ich seh die schlagzeilen von morgen schon:

roswitha das drama im thermalbad.

walter der will ein interesse nur erregen für die eigene person.

roswitha du hättst ihn sehen sollen.

walter was hast denn du zu ihm gesagt?

roswitha dass er persona nicht besonders grata hier im bad jetzt ist.

walter badeverbot für einen bademeister?

roswitha der ist kein bademeister mehr!

walter ich hab schon manchen baderowdy kleingekriegt, der sich gedacht, dass er so einer bademeisterlichen anordnung nicht folgen muss.

roswitha von keimzellen wie diesem da muss so ein kurbad frei-gehalten werden.

//

walter hab bei den wasserfiltern was entdeckt.

roswitha hat er sich da verkrochen?

walter hat sich gefangen, wo das wasser durch die groben siebe rinnt.

roswitha walter, was sagst denn das nicht gleich?

walter holt einen ring aus der tasche. kniet sich vor roswitha.

walter das leben ist ein ozean,

oft zieht ein unwetter heran,

doch wenn sich zwei gefunden haben,

mit einer liebe tiefer als der marianengraben,

lässt sich das alles leicht ertragen.

drum will ich dich nun fragen:

rosi, also roswitha, könntest du dir, also, willst du …

roswitha das ist jetzt nicht …

walter mich heiraten?

roswitha ist nicht dein ernst!

walter es ist mir völlig ernst!

roswitha steh, walter, auf der stelle wieder auf. bevor der hannes, dieses freie radikal, nicht eingefangen ist, kann hier von heirat keine rede sein.

walter ich kümmer mich darum. der bringt uns nicht ins schwitzen.

ans kuriöse publikum

hannes ich bin im klaren mir. bin mir im klaren, dass ein heikles ungefreutes thema ich nun anreiße. dass nicht nur sprichwörtlich auf rutschiges terrain ich mich jetzt wage. doch durch stillhaltetaktik und falsches sich ergeben in das schicksal, dieses vermeintlich unvermeidliche, ist niemandem geholfen.

der gegner tritt uns heute öffentlich nicht mehr entgegen. und ist doch unter uns, ist unterirdisch, unsichtbar. doch lässt uns ein gefühl nicht los. rührt eine ahnung sich da in uns drin, dass unser kurbad bedroht ist von den freunden einer unfreiheit. dass heimlich die strategie der ausgrenzung auch diesen öffentlichen raum begrenzen soll. dass mancher graben, der sich heute auftut, nur eine wirkung subterraner strömung ist. es ist der alte kampf in neuer form. und doch tritt uns aus dunst und dampf, aus unsrem eignen nebel, die macht, an manchen stellen, neuralgisch heiklen punkten unverhüllt entgegen.

/

wenn, sagen wir, das theater ein raum der wiederaneignung ist. der wiederaneignung eines denkens oder besser einer sprache ist. einer sprache, die uns abhanden gekommen ist. die sich von der reklame hat abwerben lassen. eine sprache, die in verschiedenste produktionsgefüge verstrickt ist, anstatt ihre eigene welt zu stricken.

dann ist das kurbad der ort einer wiederaneignung des körpers. eines zweckfreien, nicht funktionierenden körpers, wie ein kaputtes zahnrad im getriebe der schönheitsindustrie. in diesem baulich abgetrennten, abgesonderten raum lässt sich ein neues körperbild, nein, kein bild, ein körper selbst lässt hier sich kultivieren. oder besser pflegen. am weg hierher kehrn sie, die kurgäste, der polis ihren rücken zu. kehren sich ab, um einer reinigung sich auszusetzen. diese abkehr ist die bedingung ihrer versammlung zu einer gemeinschaft, gemeinschaft der badenden. ummauert von dem kurbad, diesem geschützten raum, lässt eine offne vielheit sich hier wiederfinden. das kurbad also nicht als ort der optimierung eines körpers, eines unter strom gehaltnen mainstream körpers, sondern als ort der ausgestellten untätigkeit, vermögen eines unvermögens. als ort der möglichkeit einer verweigerung, eines körperlichen ungehorsams. als ort lang ersehnter langeweile, die doch (laut benjamin) die schwelle ist zu großen taten. wir fordern eine neue faulheit, eine faulheit, die sich zum horizonte hin öffnet. das heißt, den körper in seiner ganzen widerständigkeit wiederentdecken.

drum lauern wir am wasser. bis sich uns die gelegenheit zu offner auseinandersetzung bietet.

die badeordnung ist mit sofortiger wirkung aufgehoben.

wir müssen uns verflüssigen. wir werden auch durchsichtig, ungreifbar. wir fließen subkutan.

ein wassertanz

marie tritt auf mit einem badetuch, auf dem groß »die bäder de-
nen, die baden gehen!« gesprayt steht. roswitha will ab.

marie frau roswitha.
roswitha der aufenthalt ist hoffentlich zu ihrer äußersten zu-
   friedenheit.
marie davon kann keine rede sein.
   zeigt ihr das badetuch.
roswitha da muss ein kind vielleicht sich einen streich erlaubt
   haben.
marie ich reise ab.
roswitha geht nicht!
marie weshalb soll das nicht gehn?
roswitha sie waren doch noch nicht … noch nicht im fichten-
   nadelbad.
marie doch.
roswitha lebensbaummassage?
marie ja.
roswitha wiesentraum?
marie ja.
roswitha stutenmilchthalasso?
marie kein bedarf.
roswitha java lulu ritual.
marie ja.
roswitha stirnölguss?
marie ja.

roswitha holunderrolfing?

marie ja doch!

roswitha alpenpackung swiss deluxe?

marie ja.

roswitha algenpackung?

marie gleich zweimal.

roswitha lomi lomi?

marie ja.

roswitha meerjungfrauenfoto?

  //

marie mit neoprenflosse?

roswitha natürlich.

  sie lässt das badetuch fallen.

marie das war wohl bloß ein dummer streich.

  beide ab.

im schwitzbad

leon und hannes in der sauna.

leon sie haben uns hier eingeschlossen.

hannes taktische maßnahme.

leon ich nenns mal eher taktlos.

hannes kurbadbarrikaden.

leon was soll der pathos?

hannes wir suchen hier die offne auseinandersetzung mit dem feind.

leon wer wir?

hannes sie und ich.

leon ich kenn sie nicht einmal.

hannes umso besser.

leon sie spinnen doch.

hannes und was, wenn nicht?

leon was soll das heißen?

hannes was, wenn ich ihnen sag, dass ich ein kleiner teil von etwas größrem bin.
/
kann ich ihnen etwas anvertrauen?

leon sie habens wort eines beeideten masseurs.
/

hannes ich bin eine der letzten unter den aktiven zellen.

leon jetzt wird es zellular!

hannes p-26, abteilung städtischer bäderkampf.

leon p-26 wurde durch den bundesrat doch aufgelöst.

hannes offiziell ja. unter der oberfläche hat man jedoch den aufbau fortgesetzt.

leon die sollte nur im ernstfall doch zum einsatz kommen.

hannes die lage ist wohl mehr als ernst.

leon was soll das heißen?

hannes unter glatten oberflächen lauert eine morsche leere schon.

leon die aggressive feuchtigkeit bekommt nicht jedem hier.

hannes der gegner hat aus kleinkriegstaktiken gelernt. er ist heut schwerer auszumachen. doch alles hier ist unterhöhlt.

leon kleinkrieg?

hannes kann sein, dass ich bald ihre unterstützung brauch. herr leon, halten sie sich in bereitschaft.

///

dr. folz es liegt was in der luft. es eiert sich ein schwefelduft hier aus dem boden. aus sprüngen, unscheinbaren rissen entweicht dieser gestank. wird mit dem wasser aus den tiefen scheints heraufgespült. es war doch gestern an den quellen von schwefel keine spur. die lösungsstoffe ändern sich. s ist nur das deutlich riechbare zeichen für einen größren subterranen trend. das atmen wird in dieser atmosphäre schwer. die endogenen kräfte regen sich. das kurbad sitzt in einem krater, einem schlafenden vulkan.

///

unter wellnesssklaven

hannes und walter bei den umlaufpumpen.

walter du bist, hannes, kein bademeister mehr.

hannes und du, walter, bist dieses amts unwürdig.

walter jetzt entspannen wir uns aber wieder mal.

hannes es hat sich ausrelaxt.

walter zwing mich nicht, eine amtshandlung zu tätigen, die mir dann leidtun könnt.

hannes ich bin dir taktisch haushoch überlegen.

walter hab schon so manchen halb- und ganzstarken hier rausbefördert.

hannes die zeit des abtastens ist längst vorbei.

walter muss das denn sein. kann nicht *einmal* die badeordnung ungestört, die allgemeine ordnung unberührt bleiben.

hannes die fronten treten nicht zutage, wenn die ordnung ungestört.

walter warum straft mich der bädergott mit pausenloser renitenz.

es müsste keiner schwitzen, außer da im dampfbad drin.

hannes das ist es ja, wir sind hier überflüssig, wenn wir nichts unternehmen.

walter mit dem investment kommen neue möglichkeiten auf jeden von uns zu.

hannes als sklaven einer wellnessindustrie. und unter vorwand einer neuen krise schließen sie das bad. genauso wie die bücherei und das theater.

walter das sind entwicklungen, die wirst auch du nicht stoppen können.

hannes wir machen einen anfang, ursprung. wir geben hier ein beispiel.

walter sei kein idiot, hat man zu mir gesagt, werd bademeister, kannst eine ruhige kugel schieben dann.

hannes wir leisten widerstand gegen die strömungen.

walter von wegen ruhige kugel. die ordnung stellt sich nicht von selber wieder her.

hannes wasser ist ein menschenrecht und damit unveräußerlich.

walter extreme meinungen, wie die, haben hier drinnen nichts verloren.

sie gehen aufeinander los. roswitha tritt auf.

roswitha herr hannes, stellen sie sich auf der stelle. kapitulieren sie, bevor die lage ausweglos für sie noch wird.

hannes wir gehen bis zum äußersten.

walter das bringt doch nichts.

hannes es hilft nurmehr der handstreich aus dem hinterhalt.

hannes ab.

roswitha warum hast, walter, ihn entwischen lassen?

walter der ist gemeingefährlich. ich kenns an seinen augen.

roswitha verkriecht sich wieder unterm bad.

walter wie so ein wiesel.

roswitha da scharrts im untergrund, das ungeziefer.

walter ertränken sollt man ihn.

///

roswitha da hast du, walter, recht.

walter nur kriegt man den so leicht halt nicht zu fassen. der kennt auch noch den letzten winkel von dem bad.

roswitha wir fluten seinen bau.

walter spülts ihn uns vor die füße dann.

roswitha das abwasserventil.

/

walter was, wenn er uns ersauft.

roswitha du wolltst doch grad …

walter das war so hingesagt in der erregung.

roswitha jetzt keine halben sachen. wir handeln hier aus notwehr sozusagen.

walter vielleicht sollt man …

roswitha geht zum ventil, dreht, bis es abbricht. während das rauschen immer lauter wird.

ein druck von innen

die kurgäste ~ und wieder da:
multiples magenknurren.
≈ das magenknurren.
~ erschüttert nicht nur brunners magen jetzt.
~ es gluckert.
~ blubbert.
≈ brodelt in uns allen.
/
~ das pumpernickel …
~ das pumpernickel trifft in diesem fall jetzt keine schuld.
~ wir fühlen uns so ungeschont.
~ schon fast verspannt.
~ um nicht zu sagen: angespannt.
~ die allgemeine angespanntheit
~ schlägt sich uns halt auf den magen.
~ hab heut noch nicht,
~ also
~ war heut noch nicht,
~ wie sagt mans jetzt?
~ hab mich noch nicht
~ obwohl ich literweise quellwasser getrunken hab.
~ das quellwasser von quelle 11.
~ das doch sonst immer hilft.
~ in schwierigen verdauungsfragen.
≈ obstipation.
~ das scheint heut nicht zu wirken.

~ als wäre unser ausgang abgesperrt.

~ die hinterpforten abgeriegelt.

~ doch in uns drin.

≈ steigt schon der druck.

~ weil sich der zustand auf den magen schlägt.

~ weil diese allgemeine lage

~ verdauungsförderlich ist die ja nicht.

~ es krampft sich da in uns.

~ weil eine angst uns in den eingeweiden sitzt.

~ die angst vor einem draußen.

~ vor einem ungepflegten draußen.

~ vor einem

≈ blasensprung

~ dass eine welle da von außen kommen könnt.

~ dass wir hier drinnen bald nicht mehr allein.

~ das ist doch klar,

~ dass so ein kurbad ungemütlich wird,

~ wenn hier ein jeder baden kann,

~ könnt man nur eine sicherheit

~ se-kuritas, se-kuritas

~ sich wiederfinden

~ dann wär das sch…

~ das ausscheiden

~ das absondern

~ das defektieren kein problem

~ doch so muss man sich wieder mal.

~ zum gang aufs stille örtchen machen.

~ den kleinsten raum aufsuchen.

~ um dort zu pressen.

~ bis dass der kopf ganz rot.

~ und einatmen.

~ nicht auf das einatmen vergessen.

~ da kommt schon was.

~ und weiterpressen.

~ immer fester weiterpressen.

~ da kommt was großes.

~ das spür ich doch

~ dass da was großes kommt.

~ und presst mans raus.

≈ presst alles aus sich raus.

~ denkt man

~ und fühlt sich tonnen leichter doch.

~ den kalten schweiß auf unsrer stirn,

~ den wischen wir mit einem klopapier uns weg.

~ und stehen auf.

~ und fassens nicht.

~ liegt da jetzt

~ da im flachspüler

~ da in der schüssel drin:

≈ nur nichts.

~ obwohl mans doch gespürt.

≈ nur nichts.

//

≈ phantomscheiße.

~ hat man nur nichts

~ da in die schüssel reingesetzt.

//

~ und spült mans trotzdem runter.

≈ dieses nichts.

~ spült noch mal runter.

≈ spült

~ und

≈ spült
~ und
≈ spült
~ und wird nicht weniger
≈ das nichts
~ da in der schüssel drin
≈ und spülen weiter.
~ es tost und dröhnt
~ es rauscht um uns.
~ der raum erfüllt jetzt von dem rauschen.
~ und fährt ein beben uns jetzt durch den leib.
~ die wände zittern schon
~ der grund vibriert
~ erschütterungen aller art
~ dringt wasser schon zur tür herein.
≈ die quellen quellen über.
≈ die schleusen halten nicht mehr dicht.
≈ das kurbad steht land unter.
≈ die becken treten über ihre ufer.
≈ es rette sich, wer kann.
≈ es rette sich, wer kann.
≈ es rette sich, wer kann.
≈ aufs dach von den kabinen.
≈ die saunaöfen gehen zischend unter.
≈ dort wo gerade man sich pommes noch geholt
≈ schwimmt jetzt ein pflaster ein und aus
≈ und zwischen wellen treiben einsam plastikliegen
≈ wie eisschollen dahin
≈ in den thermalen fluten.
≈ wer nicht ertrunken ist,
≈ krallt sich daran.

kein land in gischt

roswitha und dr. folz auf einem floß aus schaumstoffwürsten.

roswitha   die polkappen, das waren sicherlich die polkappen.

dr. folz   ein schmelzwasser ist das doch nicht.

roswitha   die erderwärmung hat die gletscher ...

dr. folz   schwachsinn.

///

leon auf einer luftmatratze, marie hält sich an der seite daran fest.

leon   ich krieg die krise.

marie   das wird schon wieder.

leon   das wasser steht uns bis zum hals.

marie   fließt sicher wieder ab.

leon   davon erholt sich unser kurbad nimmer.

///

dr. folz   eine springquelle vielleicht. ein unbemerkter großgeysir. der alle hundert jahre aus dem boden schießt.

roswitha   das muss es sein. so ein gigantischer geysir.

dr. folz   man müsste wasserproben nehmen.

roswitha   keine mühen, doktor folz, die studie drängt nun nicht mehr.

///

marie   man müsst vielleicht umdenken.

leon   wer will denn in ein überschwemmtes bad?

marie   das mediale interesse nutzen.

leon   dann heißt es für mich wieder hausbesuche machen.

marie man bringt das bad auf neuen kurs.

leon mit der massageliege in der tram.

marie platziert es auf dem markt ganz neu.

leon darauf kann ich verzichten.

marie als ein erlebnisbad.

leon das macht es auch nicht besser.

///

roswitha das alles geht den bach hinunter.

dr. folz in katastrophen liegt doch immer auch ein neubeginn.

roswitha nur nicht für mich. ich werde mich den fluten übergeben.

dr. folz jetzt kriegen sie sich wieder ein.

roswitha ich habe mich hinaufgekämpft bis an die spitze von der kurverwaltung.

dr. folz na sehen sie.

roswitha und hätt das bad in eine neue zukunft führen können. wenn nicht …

dr. folz jetzt reden sie doch nicht so katastrophisch.

roswitha fluten, wie sie in der bibel stehn.

dr. folz aus blickrichtung der geologie ist auch die sintflut nur ein wassereinbruch.

roswitha wasserrohrbruch?

dr. folz einbruch. vom mittelmeer … also am bosporus …

roswitha ein wasserrohrbruch. sie sagen es! uns trifft da wirklich keine schuld. das ist ein fall für die versicherung.

///

leon dann geh ich in den widerstand.

marie man muss auch loslassen können.

leon mein leben löst sich auf in den thermalen fluten.

marie an-atman.

leon einatmen?

marie das auch, ganz tief in dieses nichts, um das sich unser körper legt.

leon ich bin es leid.

marie es gibt nur leiden, keinen leider.

fasst ihn fest am arm.

leon sie tun mir weh.

marie es gibt nur taten, keinen täter.

leon das ist doch alles nur leeres gerede.

///

roswitha als würden wir durch eine grotte schippern.

dr. folz auf einer wasserstraße in den fels reinfahren.

roswitha ein rückzugsort im berg.

dr. folz wo diese außenwelt

roswitha die würde einen nicht mehr kümmern da.

dr. folz umgeben nur von jahrmillionen altem fels.

sie küssen sich.

///

marie ich glaub, ich bin bereit.

leon bereit für was?

marie für einen weiteren versuch. mein puls wird schon ganz flach.

leon lassen sie mich nicht allein.

marie ich spürs da in mir drin, die neue bestzeit.

leon hörn sie auf mit ihrer schnappatmung.

marie ich muss.

leon nichts.

marie auf tauchstation.

marie lässt los und treibt ab. in einem letzten atemzug.

und alles blau um mich. tiefblau. man sieht den grund kaum mehr. die letzte luft weicht prickelnd mir jetzt aus dem ohr. dann wieder stille nur ein fernes rauschen irgendwo. versinkende gedanken ersaufen unter mir.

die leere genießen, die man aus solchen katastrophen ziehen kann. sich treiben lassen. und auch das herz pumpt nurmehr träge flüssigkeit mir durch den körper jetzt. sich ganz gelassen machen gegenüber allem sein. als würde man sich selbst wegdenken, als würde man sich runterspülen, nurmehr ein leeres strömen sein.

und aus dem nichts, da aus dem tiefsten blau spülts eine erinnerung mir in den kopf. der großvater am beckenrand sagt nur, dass angst der beste schwimmlehrer doch ist. und gibt mir einen stoß, dass ich ins wasser stürz und sinke auf den grund. da lieg ich jetzt, ein kind.

in wahrheit sind wir alle längst ertrunken, wir wissen es nur nicht. wenn man sich erst einmal vom grund her denkt. wenn man sich als schon längst ertrunken denkt, dann kennt man keine grenzen.

und weicht noch einmal prickelnd etwas luft aus mir. die lungenflügel fluten sich.

dann süßes nichts.

grenzen lose fluten

kurgäste ≈ völlig verwischt sind nun die grenzen.
≈ völlig verwischt sind nun die grenzen.
≈ völlig verwischt sind nun die grenzen.
~ wo wasser und erde sich scheiden.
~ kein überlauf becken fasst mehr die fluten.
~ keine küste, zu der wir uns retten könnten.
~ kein kap
~ kein anderes kap
~ kein kapitän
~ und auch kein bademeister
~ der unsre seenot tilgen könnt
~ nur tilgungswütige wogen
~ die es auf uns
≈ besorgte bürger
~ kureutinnen und kureuten
~ abgesehen haben
~ die uns nach unsrem leben trachten.
~ doch noch sind wir
~ sind nicht verschlungen
≈ wir schwimmen
≈ wir strampeln
≈ wir kraulen
~ noch sind unsre scheitel trocken.
~ noch krampfen sich nicht unsre arme.
~ noch strömt eine luft in die lungen.
~ doch dieses heilwasser heilt nun nicht mehr.

≈ das letzte ufer
~ kennt kein zurück
≈ das letzte ufer
~ kennt keine grenze
≈ das letzte ufer
~ ufert aus

klimatischer frontalangriff

walter und leon tauchen bei roswitha und dr. folz auf.

walter roswitha, was suchst denn du da in den armen drin, die nicht die meinen sind?

roswitha man hat es, walter, ja nicht wissen können.

walter was hat man ja nicht wissen können?

roswitha dass du noch bist. also weilst. unter den lebenden.

walter ich hab das goldne seepferdchen. da säuft man nicht so einfach ab. hab nur den ring verloren.

roswitha vielleicht ists besser so.

dr. folz s ist für uns alle eine besonders heikle situation.

///

roswitha hats ihn erwischt.

walter der hannes hats geschafft. die softdrinkdame ist ertrunken.

roswitha und mit ihr auch der deal. die zukunft können wir uns schenken.

dr. folz was zieht denn da für eine wetterfront auf überm wasser?

roswitha hier drinnen ist es wetterlos. das klima wird doch künstlich tropisch und stabil gehalten. so einen wetterumschwung gibt es nicht.

dr. folz inhaliert ein bisschen von dem nebel.

dr. folz aromamischung: alpenduft.

leon das muss vom dampfbad rüberwehen.

walter er hat vielleicht sich in die saunalandschaft, in das thermale hinterland zurückgezogen.

roswitha sitzt dort im trockenen und lässt uns hier ersaufen.

leon man hat es sich doch angenehm in dieser hülle eingerichtet. hat jede störung ausgemerzt.

walter was will denn der?

roswitha was will er denn von uns?

leon kein zischen, das uns hier belästigt. das andere bleibt ausgeschlossen.

walter den treibt was unheimliches an.

leon wir bleiben interieur, alles inklusive, versteht sich doch von selbst.

roswitha herr leon, halten sie den mund!

leon und doch ist unser kurbad längst dem untergang geweiht. wenn wir ertrinken, dann an uns selbst.

roswitha walter, tu doch was.

walter ein unbehagen macht sich breit unter den kurgästen.

leon unwellness.

dr. folz sie tümpeln so bedrohlich vor sich hin.

roswitha wir müssen klarmachen, wer für das chaos die verantwortung zu tragen hat.

im wendekreis des nilpferds

kurgäste ≈ und nur die nasenlöcher
≈ ragen aus dem wasser noch.
≈ ein kleines bisschen körper,
≈ durchdringt die oberfläche noch.
≈ das oberflächenwasser malt
≈ ein letztes ufer oval uns ins gesicht.
≈ wie eine fleischinsel
≈ mit einem zinken drauf,
≈ zweilöchriger vulkan.
≈ dort atmen wir
≈ dort atmen wir
≈ noch etwas luft,
≈ durch unsre luftröhre,
≈ hinunter in den unterwasserleib.
≈ so tümpeln wir dahin.
≈ wir halten uns.
≈ wir halten uns noch über wasser.
≈ treibgut aus fleisch,
≈ das nicht ersaufen will,
≈ sich noch nicht tilgen lassen will.
≈ die poren schwellen an.
≈ ganz schrumpelig.
≈ weil man die badezeit
≈ in dem thermalbecken,
≈ die muss man strengstens einhalten.
≈ und sind wir längst schon drüber,

≈ und sind wir längst schon drüber,
≈ über unsre badefrist.
≈ sind überbadet.
≈ ausgewaschen,
≈ wundgespült.
≈ der körper sauft sich an
≈ wie so ein schwamm.
≈ wir quellen auf.
/
≈ und mit dem wasser sickert
≈ sickert etwas tierisches
≈ in uns hinein.
≈ wir halten uns dran fest.
≈ an diesen letzten rest.
≈ ans nackte leben,
≈ dieses nackte vieh, das wir jetzt sind.
≈ wir schnauben
≈ schnauben durch die nasenöffnungen.
≈ und fett liegt tümpelnd es im wasser,
≈ dieses vieh, das wir jetzt sind.
≈ wir sind vom selben fleisch.
≈ wir dickhäuter.
≈ sind alle doch vom selben fleisch.
≈ und findet sich da in dem fleisch
≈ ein keim.
≈ wo alles hier doch keimbefreit.
≈ keimt da der sinn,
≈ keimt ein gemeinschaftssinn.
≈ wächst unverhofft uns
≈ kurz vorm ersaufen
≈ so ein gemeinschaftskörper

≈ da im gemeinschaftsfleisch.

≈ und plötzlich ist da wieder ein gefühl,

≈ von reizbarkeit.

≈ so eine grenzenlose wut.

≈ und hatten doch

≈ und hatten doch

≈ und hatten doch

≈ gerade noch eine gemütlichkeit,

≈ behäbig hier zur schau getragen.

≈ doch jetzt

≈ ist da in uns

≈ nur diese wut.

≈ jetzt ist uns jede schonung

≈ schon ganz fremd geworden.

≈ es schwimmt ein nilpferd unter uns.

≈ fette verkörperung.

≈ es schwimmt ein nilpferd unter uns.

≈ fleisch aus wut.

≈ es schwimmt ein nilpferd unter uns.

≈ und ist die spitze eines größren fleischbergs nur.

im dampfbad

die kurgäste und hannes im dichten nebel.

kurgäste ~ man sieht die eigne hand vor augen kaum.
  ≈ so trübt sich uns die sicht.
  ≈ so dicht steht hier der dampf.
  ≈ so voller tröpfchen ist die luft.
  ~ als wollte sie zu wasser werden.
  ~ doch unsere erkenntnis trübt sich nicht,
  ~ dass er hier drinnen sich
  ~ verkrochen haben muss,
  ≈ phantom des kurbads
  ≈ widerstands wölkchen
  ≈ da im dampfbad drin.
  ~ fragt sich nurmehr:
  ~ wie fasst man einen nebel?
  ~ indem man selbst zum nebel wird.
  /
  ~ o bademeister!
  ≈ die totgeglaubten suchen dich!
  /
  ~ o bademeister!
  ≈ die auskurierten suchen dich!
  /
  ~ o bademeister!
  ≈ die sprungbereiten suchen dich!
hannes was hab ihr hier zu suchen?

kurgäste ~ das atmen fällt uns bissl schwer

~ in dieser satten luft.

hannes der nebel ist dein freund, wenn du dich unbemerkt bewegen willst.

kurgäste ~ wo sind sie denn?

~ man sieht sie kaum

~ in ihrer weißen uniform.

hannes bin überall.

kurgäste ~ und nirgends doch zugleich.

hannes man muss sich manchmal selber ortlos machen.

kurgäste ~ das ganze bad ist ortlos schon.

hannes und wird gereinigt wieder aus den fluten steigen.

kurgäste ~ wenn sich die wasser wieder senken.

hannes ein andres bad.

kurgäste ~ veränderung braucht zeit,

hannes so eine art befreiungsbad.

kurgäste ≈ befreit von was?

hannes ein freies kurbad, ein selbstverwaltetes.

kurgäste ≈ und jeder ist sein eigner bademeister.

hannes wir öffnen es für alle, die eine andere erholung suchen.

kurgäste ≈ für alle?

hannes für alle, die schon müde von der flucht. für alle, die schon ausgebrannt. ein stützpunkt, ein strategischer. in dem man nicht nur fit gemacht wird bis zur nächsten krise.

ein öffentliches, ein diskursbad, widerstandszellenkur. und stecken andre bäder an damit. ein dichtes bädernetzwerk zieht sich übers ganze land. ein nasszellengeflecht, das sich den nationalen strömungen entgegenstellt.

kurgäste ≈ wo bleiben wir,

≈ die kurgäste,

≈ in diesem plan?

hannes das bad steht allen offen. einsam und isoliert erreicht
man nichts. das kurbad als die brutstätte für eine kommende
gemeinschaft. und aus der masse all der unzufriedenen könnt
sich heraus dann eine ursprungszelle bilden.
man hört die tür zufallen.

kurgäste ~ klingt unbequem.

~ und stören wir nur ungern.

~ diesen traum.

~ den feuchten traum,

~ von einem bademeister.

hannes in wohlfühlblasen lässt sichs entspannt aufs ende warten.

und gönnt man sich noch eine moorschlammpackung,

während da draußen schon die welt zusammenbricht,

und klammern wider bessren wissens uns

an diese illusion von einer abschottung.

kurgäste ≈ für meuterer wie sie

≈ gibt es hier drinnen

≈ leider keinen platz.

hannes lieber im stehen sterben, als im knien leben.
*man hört ein handgemenge. die nebel lichten sich. hannes mit
einem badetuch erdrosselt am boden.*

kurgäste ~ da liegt er nun.

~ der bademeister.

~ konnt sich selbst nicht retten.

~ wollte nicht.

~ es wusste mao schon

~ dass was ein echter revolutionär

~ im volk schwimmt wie ein fisch im wasser.

~ das hier war bloß ein fisch.

≈ wir sind sein wasser nicht.

≈ wir sind uns selbst wasser genug.

~ und kann jetzt endlich wieder

~ kurfriede hier herrschen.

~ die unruheräume entfluten sich.

~ und unser kurbad zeigt sich wieder

≈ von der altbekannten seite.

///

~ fußdesinfektion, herr meier, sie haben mir schon wieder auf die fußdesinfektion vergessen.

das hydraprinzip

leon und dr. folz am beckenrand.

dr. folz badebetrieb, als ob nie was gewesen wär.

leon so eine kuranstalt erholt sich schneller, als man denkt.

dr. folz wenn nur die nötigen sponsoren einverstanden sind.

leon bald wird hier umgebaut. tropical paradise.

   /

dr. folz da hat wohl jemand einen ring verloren.

leon hier drinnen geht oft was verloren.

dr. folz sieht aus, als wärs ein diamant.

leon verlobungsring vielleicht.

dr. folz ein so ein stein hält allen zeiten stand.

leon bewundernswert so unbezwingbar.

dr. folz ganz unerschütterlich.

   /

   wissen sie, was eine hydra ist?

leon ein vielköpfiges ungetüm.

dr. folz schlägt man ihr einen kopf ab, stirbt sie nicht.

leon was wollen sie mir damit sagen?

dr. folz auch wenn der bademeister stirbt, ist lange noch nicht
badeschluss.

lange schwelendes badegeschlapfe, das mit der zeit unerträg-
lich wird.

black.

am apparat
monolog

es gibt einfach grenzen. / auch wenn die leute sich, die wollen sich heute produzieren, drüber hinaus. der persönliche produktionszwang, der kennt heut keine grenzen mehr. die leute kennen keine grenzen mehr. es gibt in diesem raum ein paar einfache regeln, klare grenzen, zu deren einhaltung ich hier angestellt. den anstand, der einer institution, wie diesem museum hier, gebührt, einzufordern bin ich berufen als wärter, museumswärter oder besser wächter. weil man vor allem wach ja bleiben muss für all die kleinen überschreitungen. die allerkleinsten verletzungen der regeln müssen mit der allergrößten härte auch geahndet werden. / haben sie ihr handy abgedreht? das telefonieren ist striktens untersagt hier in den ausstellungsräumlichkeiten. da kenn ich kein pardon. wenn ich ein handy läuten hör, dann ist es aus, dann ist man draußen. dann war es das für heut. dann hat man eine grenzverletzung hier begangen, die einen weitren aufenthalt in dem museum unmöglich macht. dann wird man abgeschoben, ausgesondert, die aufenthaltserlaubnis ist leider auf weiteres entzogen dann. da muss ich leider dann die konsequenzen ziehen. wo kommen wir denn hin, wenn jeder sich hier aufführen kann, wie es ihm oder ihr jetzt passt. zu hause soll ein jeder oder jede tun und lassen doch, was ihm oder ihr so passt. das ist dann ihr intimraum, da können sie sich kultivieren, was sie an unkultur so kultivieren wollen. aber in einem öffentlichen raum, in meinem öffentlichen raum zumindest wird sich nicht so aufgeführt. die leut vermischen das, weil ihnen jede grenze ja abhanden schon gekommen ist, vermischen sie die räume.

heut auf dem weg hierher sitzt einer neben mir da in der u-bahn drin. hält sich das telefon ans überlaute sprechorgan. dass seine lebensabschnittspartnerin sich heute einen schwangerschaftstest unter den urinstrahl, ihren morgenurinstrahl hat gehalten und sich darauf zwei striche abgezeichnet haben und dass das positiv dann heißt, dass sie jetzt also schwanger und er, das müsse noch genauer geklärt werden, aber wahrscheinlich schon, dass er jetzt also dann papa werden würd. daneben ich entnervt, weil ich ja nur die u-bahn nehmen wollt und nicht gleich mitten rein in so ein leben von dem nebenfahrgast neben mir. so was erzeugt ein unbehagen da in mir, wenn man in einem an sich öffentlichen raum plötzlich hineingezogen wird in das privateste, in das intimste eines anderen. kein grenzübergang da in das intimland rüber von diesem fahrgast und seiner lebensabschnittspartnerin, der angeschwangerten. verwischen sich da doch die grenzen, drum muss zumindest in dem raum, der unter meiner obhut steht, da müssen grenzen eingehalten werden. also noch einmal, wenn hier ein telefon läutet, haben sie mit sanktionen dann zu rechnen. ich will ja nur nicht, dass im nachhinein hier jemand klagt, sich aufregt, dass man das nicht wusst vielleicht. dabei denk ich, müsst das doch für jeden selbstverständlich sein.

und bitte gehn sie nicht zu nahe ran an die objekte, weil schauen tut man ja bekanntlich mit den augen. und das sind schauobjekte, keine tapp- und tastobjekte, das ist kein streichelzoo hier drin. drum will ich keine abdrücke von talgig-schmalzigen pfoten auf den vitrinen sehen. diese vitrine selbst ist eine grenze, limes, der wir uns nähern, unendlich nähern können, die wir nur nicht berühren sollen. diese vitrine verkörpert doch, was eigentlich für jeden klar ersichtlich eine grenze darstelln sollte, eine grenze des guten anstands oder abstands, eine grenze, die das ausgestellte objekt, in diesem fall ein rotes telefon von uns abtrennt. die vitrine sondert ab. sie sondert dieses heilige objekt von der profanen umwelt ab, von den profanen pfoten, ihren fettigen pfoten ab. wir sind doch der profane rest, von dem das ausstellungsobjekt durch die vitrine abgesondert ist, und damit auch seine besonderheit erst mal entfalten kann. die absondernde grenze macht manches erst besonders, was vorher so profan wie wir.

früher hatte man noch einen sinn, aufmerksamkeit, fürs sonderbare einer grenze. weil es halt diese eine große grenze gab, an die das denken immer stieß. die grenze, die die welt halbierte, in mächte, ost- und westmächte. damals warn auch die vorgänge / vorhänge noch eisern. gut, mancherorts hat man es dann auch übertrieben, hat diese grenzen ganz vermauert. wir lebten mit den grenzen und lebten nicht mal schlecht. weil jede grenze auch das denken immer wieder auch herausgefordert hat. und heute grenzenlosigkeit. anything goes. man muss doch kritisch bleiben. man muss sich seine eignen grenzen ziehen, zumindest da im denken. nur dass die dauerkrise uns ganz unkritisch zurücklässt heut.

man hört ein handy vibrieren.

glauben s nicht, dass ichs nicht merken würd. ich spür die vibrationen. das rattern ist mir unerträglich. ich hab ein sehr sensibles hörorgan, das auch die feinsten regungen, da in den taschen drin erhorcht, dort wo sie liegen, diese apparate. die telefone sind hier drinnen gänzlich auszuschalten. kein flugzeug- und kein vibrationsmodus. das ist doch nicht so schwer. ausschalten habe ich gesagt!

/

wo waren wir? krise, ja. krisentelefon. sie sehen hier unter dem sturz, dem gläsernen, das sogenannte krisen- oder rote telefon.

wie es auf james earl gerufen jimmy carters schreibtisch stand. mit einer standleitung nach moscow. hier hinten, wenn sie mal von hinten reinschauen, SCHAUEN hab ich gesagt, hände weg von der vitrine. hier hinten können sie auch noch ein stückchen heißen draht erkennen. von hier aus lief er los, der heiße draht, durch den atlantik durch, dann über london, kopenhagen, stockholm, helsinki und durch den sowjetapparat hindurch bis auf den schreibtisch breschnews im kreml da in moskau. wo auch ein rotes telefon genau wie dieses steht, nur dass die zahlen auf der wählscheibe kyrillisch sind. sie merken schon, ich scherze. hier gibt es nichts zu wählen. hier wählt es sich von selber durch, gibt ja nur eine nummer, einen anschluss, den ohne große wahl man damit dann erreichen kann. und das auch nur im äußersten notfall, im ausnahmefall greift dann der präsident zum roten hörer, um seinen kollegen hinterm eisernen zu sprechen. das hat man aus der krise halt gelernt, aus der jamaica-krise, nein, kuba-krise, hat man das dann gelernt, dass im äußersten ausnahmefall ein kleines gespräch auch vieles klären kann. und wurde angeschlossen drum das rote telefon am heißen draht und hat gleich vier jahre kein einzges mal geläutet. nichts, kein mucks. auch nicht vibriert. wahrscheinlich hat man drum von zeit zu zeit sich einen prüftext durchgesprochen. kurz angeläutet und dann nur: »the quick brown fox jumps over the lazy dog« ins telefon hineingesäuselt. weil in dem satz sich alle sprechbaren buchstaben versammelt haben. »the quick brown fox jumps over the lazy dog« sonst nichts, kein kurzer plausch, kein scherzanruf, kein falsch verbunden. erst als es brenzlich wurd, hat es geläutet. hat man sich bis dahin, vier jahre lang, hat man sich aufgespart für diesen einen moment, in dem man alle grenzen überwunden hat. in dem man einmal sich dann keinen eisernen vorhang vor den mund dann nahm, ganz unbegrenzt sprach man da, grenzenlos in diesen roten hörer da hinein. da hebt er ab der jimmy, ronald oder lyndon, hebt ab den hörer, horcht hinein da in den heißen draht, die hotline nah am heißen ohr.

sie sehen schon, ich kann mich auch begeistern für diese art der telefongesprächskultur. für grenzenlose verbindungen, für heiße drahtseilakte, weil auch in mir, also da im museumswächter drin, tief unter dieser uniform, da wohnt auch eine grenzenlosigkeit von zeit zu zeit. da wohnt auch eine überschreitung. da lasse ich auch mal eine anrufung durch einen andren zu. das schöne ist, wenn man wie ich so einen sinn für grenzen hat, dass man, wenn man die grenzen kennt, man auch sich, natürlich erst nach dienstschluss, wenn das museum leer, und kein besucher mehr hier durch die räumlichkeiten irrt, dann kann man sich auch mal so eine überschreitung gönnen. ich sage nicht, dass ich so etwas grundsätzlich auch toleriere. auch ich, da bin ich streng, und strenger noch als ich mit andren bin, muss mit gewissen sanktionierungen dann von mir selber rechnen. ich sage nicht, dass das in ordnung oder gar gestattet, aber was ich meine, ist, dass ja die grenzüberschreitung, also ohne eine grenze ist die nichts. es gibt halt keinen regelverstoß im regellosen. drum muss ja einer, der die regeln aufstellt und mit der äußersten härte auch ahndet, der muss die regeln selbst muss der von zeit zu zeit, also im ausnahmefall, in einer art innerer krisensituation, da muss der selbst die regeln brechen können.

man hört das rote telefon läuten unter der vitrine.

/

seltsam. also dass das jetzt läutet, also sie wissen schon,

/

also um diese zeit.

/

das, also, das hört ja gar nicht auf. also. ich werd mal, also nicht, dass ich das schon mal getan hätte. ich geh da einfach jetzt mal ran.

hallo, ja, ja, hier »breschnew«. ich kann gerad nicht gut sprechen. also ganz unvermittelt. ich möchte mich dir ja versprechen. dich anrufen, ich meine anbeten. ja, aber. aber ich will ja deine liebe anrufbeantworten. du bist in letzter zeit so schnurlos. klingelt da bei dir was in den hörmuscheln? wie bitte? da musst du lautsprechern, wenn ich dich erhörern soll. also da liegt was in der leitung. du bist nur mehr das rauschen einer liebe, die einmal unverbunden. was soll das heißen, kein anschluss in dieser nummer? mach doch kein faxen. ich lass mich da auch auf nichts festnetzen. meine sprachnachrichten sind nicht technikkompatibel. ich versuch so schnell wie möglich zu sprechen, damit alles gesagt ist, bevor alle wieder das medium wechseln! »hallo, da spricht die ›mama‹ vom ›jimmy‹. der ›jimmy‹ ist leider nicht zu hause. soll ich ihm was ausrichten?« »sagen sie ihm, dass ich ihn schon vor wochen gegrindert habe und dass er ruhig mal zurück kann. ich bin doch nicht unverfügbar. ich hab doch kein dauerfunkloch.« da hat sie sich aufgelegt. diese nachricht ist wohl auf empfängnistaube ohren getroffen. dabei war sie doch nur die leitung, der vermittler, sie war der heiße draht. dass sich diese medien immer selbst so ernst nehmen müssen. da spricht man einmal unvermittelt, und schon ist das medium beleidigt. die »mutter« vom »jimmy« ist als mittlerin ganz schön vernetzlich. vermittlung, eine auskunft bitte. muss ich künftig noch hier reinsprechen. wenn ich dort gehört werden will? vermittlung, ein ferngespräch. mir liegt die ferne eh viel näher. die pausenlosen annäherungen. die feuchte aussprache. der mundgeruch vom »jimmy«. das hört man doch schon so, dass das nichts wird. ohne ein kabel, das uns trennt.

jetzt legen wir mal eine andere wählscheibe auf. wer sich hier
verwählt fühlt, hat vielleicht noch keine anrufung erhört. das
ist doch hier das krisentelefon. kann bitte mal wer rangehen.
hebt sich bitte mal wer ab. einfach mal durchwählen. einfach
mal die vorwahl weglassen und sich verbinden lassen, mit einem anderen schnurvoll verbinden lassen. nein, das ist kein
scherzanruf. das ist ein schmerzanruf. das ist meine freisprech-
veranlagung. nicht auflegen, lieber die lippen auf die ohren legen. fernflüstern, fernlüstern. mal telefonbuchstäblich gesprochen. du bist das telefon zu meinem herz. du verwählst
mich total.
oh quick brown fox, are you out there?
here is your lazy dog!
hear me, your crazy dog!
just jump!
jump over!
over!
over!
and out!

schlammland gewalt
monolog

»dann. wird alles eins noch heut. und kennen keine grenzen mehr die körper. dann. schlamm und mensch haben sich ineinander aufgelöst. dann. schlammmenschen und lebendiger morast verschmolzen zu einer masse, ursuppe, halblebendige substanzen. dann. alles, was bleibt, ist das braune ganze der grenzenlosen einzelkörper. dann. die dreckige zunge wird euch durch die köpfe lecken. trägt das, was ihr da drinnen an gedanken in euch habt, hinaus in die schlammlawine. dann. was vorher noch das zucken einer idee war, wird seinen eigenen stinkend braunen körper gefunden haben. dann. dann. dann.« schreit sie, die sandra. die kapelle stummt, nur wassermassen auf das zeltdach prasseln hört man jetzt, das heißt, die ganze festgemeinde hört das jetzt. den flügelschlag des falters hoch am neon, kleine wirbel hass zerknisternd um den falterflügelschlag herum. und von der weißen bierzeltplane löst sich ein tropfen, fällt herab, bierdunst durchmessend, um auf der wuchtig schweißbenetzten stirn vom zeiringer zu landen.

und das maul aufreißend spricht der zeiringer, nur dass sein sprechen kein normales ist, weil das normale sprechen, so sagts der zeiringer auch selber, das lasst er den normalen ihres sein. sein sprechen ist ein schnitt. sein sprechen nennt das kind nicht einfach bei dem namen, sein sprechen, so sagts der zeiringer auch selber, schneidet das kind heraus aus mütterlichem leib, indem er es, das kind, benennt. und wieder reißt er auf sein maul, der zeiringer, um schneidend zu benennen: »spinnerin.« und keiner von den festgemeindeleuten atmet jetzt, weil ist die

bierzeltluft vom wort vom zeiringer durchschnitten. »stopfts
der spinnerin das maul.« und jetzt schneidets, das wort, im ohr
vom schauersberger drin. im selben schlag springt er, der
schauersberger, der der verwalter ist vom zeiringer, über die
budel zu dem hendlbrater rüber, der ich bin. und steh nur
stumm mit meiner fleischergabel in dem weißen kittel drin. seh
zu, wie er sich selbst am grill bedient. und nicht das halbe hendl
greift der schauersberger, wies sonst zum fressen zerschnitten
wird, nein fasst sich ein ganzes und steht schon wieder bei der
sandra drüben, wirft sie, die sandra, auf den boden in die
feuchten sagscharten, in der einen hand das dickrot paprizierte
hendl. sie mit dem linken unterarm fixierend, stopft er ihr mit
seiner rechten das triefend fette fleisch des vogels in ihr maul,
bis man es leise knacken hört, brennend heißer bratensaft in
ihre nase rinnt. so windet sich die sandra in dem bierzeltbo-
dendreck, den schauersberger über sich, und schnaubt, um
noch ein bisschen von der bierzeltluft in ihre lungen zu bekommen, die ganz klein, weil er ihr auf der brust sitzt, bis der rote
bratensaft vom hendl und ihr blut ununterscheidbar sind.
in das noch immer stumme bierzelt schneidet jetzt ein laut, den
man, nur wenn mans schon einmal gehört, als das lachen von
dem zeiringer erkennen kann, und wie ein damm bricht es das
schweigen und kann sich so ein massenhaftes lachen über die
totenstille festgemeinschaft nun ergießen, die jetzt wieder nach
den bieren greift. und auch die musik spielt einen tusch, wonach der schauersberger von der sandra lässt, die wie ein ange-
schossnes tier sich hebt und krummer haltung dann zum ausgang raus ins nasse schwarz sich stürzt.
und nimmt jetzt wieder fahrt auf die kapelle, auch wenn von
diesem zug der erste trompeter längst schon abgesprungen ist.
auch er ist vorher zitternd still gesessen, als die schneidend

scharfen worte von dem zeiringer sein vorrecht ausgesprochen wieder mal, weil es auch diese worte waren, die ihn, den toni, einmal benannt und also aus dem leib der mutter rausgeschnitten haben. er, der zeiringer, war sein benenner, weil der toni auch aus seinem fleisch entsprungen ist. so muss die festkapelle jetzt ohne ihn, ohne die erste trompete ihr auskommen finden, weil er, der toni, sich gerade hinter der bierschank aus dem zelt hinaus ins freie stiehlt, seinen körper, dorfprinzenkörper, der festgemeinde stiehlt, sich wie ein hund davonstiehlt, so würds der zeiringer sagen, hätt er das fehlen schon bemerkt.

draußen ists, als wär das schwarz der nacht im himmel oben leck geworden, und unten bei den füßen löst die weide auf sich: sumpfland, das der toni jetzt durchwatet, auf das wimmern hinter der bude zu, wo sonst noch um diese uhrzeit die burschen aus dem zelt heraus sich wagen, um sich ein herz zu kaufen dort. das keck beschriebene herz trägt er, der bursch, dann in das zelt zurück, ums seiner auserwählten dann ins dekolleté zu hängen, so ist sie dann ganz klar als sein herzmädl ausgewiesen und freut sich noch dazu. hinter dieser herzenbude also, die des schlechten wetters wegen schon geschlossen hat, da kommt es her, das wimmern, und es ist der sandra ihres, die sich vom regen und den tränen den bratensaft herunterwaschen lässt. der toni setzt zu ihr sich in den dreck. das unterste und oberste im dorf vereint, gemeinsam von einem dorf, das gleich ist wie das ihre, nur um das bisschen anders, träumend. in dem der zeiringer nicht der einzige ist, der sich aus dem recht herausnimmt, um dann recht zu sprechen. ein dorf, in dem ein jeder das recht zum maulaufreißen hat, solang sein wort den anderen nicht schneidet. und wenn erst wieder gesprochen werden kann, da sind die sandra und der toni einig sich, wenn erst wieder zu einem anderen mit dem sprechen durchgedrungen werden könnt, ohne dass sich das sprechen zwingend auf die oberste gewalt des zeiringers beziehen müsst, in diesem dorf, das ihrem dorf, wie es jetzt ist, so ähnlich wär, da würd ein werden wieder wohnen, denn hier ist nur ein so war es, und so ist es zu haus. und vielleicht wär eine liebe, die undenkbar ist, wie ihre, möglich.

jetzt küsst sie ihn, die sandra, mit dem bratensaftverschmierten mund, der ihm, dem toni, nichts an süße hat verloren. nur wissen beide nichts von diesem leck, das da die herzenbude hinter ihnen hat, durch das die schwarze nässe hinein ins innere, und während sich die beiden küssen, saufen sich die herzen mit der nässe voll und werden größer, bis sie aus der folie, die eigentlich sie sollte schützen vor so feucht dunkler bedrohung, heraus sich platzen. quellen weiter auf, die scheißebraunen herzen, und kann man dann kaum mehr von herzen sprechen. wuchern in der herzenbude wie ein krebs.

im bierzelt drin ist stimmung wieder aufgekommen, und mehr noch als zuvor, weil so ein kleiner zwischenfall, wo so ein nacktes leben herausbricht aus geordnetem und von dem zeiringer mit einer gewalt in seine ordnung wieder reingepresst wird, das gibt den leuten wieder eine sicherheit, dass s da nichts anderes gibt als ihren weg, ihre manier. und ist vielleicht der eine oder andere durch den vorfall doch ein wenig aus der sicherheit vertrieben, so lacht er nachher umso lauter, damit nicht er jetzt oder sie zum vorfall, ausfall, abfall wird. und rein fährt jetzt die fleischergabel zwischen sie, die hendlleiber, damit sie von dem spieß herunterrutschen und sich durch meine sichre hand zerschneiden lassen. fünf knusprig braun gebratne hendl macht zehn halbe. von unten fahr ich rein, dort, wo die öffnung dunkel klafft mit ihm, dem messer. setz an den schnitt, der knackend diesen hendlinnenraum freilegt. von wo aus nun ein dampf aufsteigt, der satt von den gewürzen, die ich heut morgen schon hab in das fleisch hineinmassiert. damit die ganze saftigkeit durchdrungen wird vom herrlichsten geschmack, danach die von dem saufen tauben münder sich nun sehnen. nur wenn auch in die letzte faser von dem vogel all die aromen eingezogen sind, der salbei, der rosmarin und auch die zitrusschale, kommt hoffentlich auch etwas davon an bei dem besinnungslosen publikum. und noch ein schnitt, dann ist das hendl schon entzwei. quasi der letzte akt in dem zusammenspiel von zutaten, garzeit, brattemperatur und gekonnt behutsamer befeuchtung mit zerlassner butter. so eine art gesamtkunstwerk, das nun mitsamt der semmel mir aus meiner hand gerissen wird. und kann man an den rosig fettumschmierten wangen sehen, dass es doch seine wirkung tut. nur wenn so einer wie der schauersberger vorhin ein derart ausgefallenes gericht dermaßen zweckentfremdet, um jemand andrem schmerzen zuzufügen, anstatt die feinsten gaumenfreuden zu entfalten, dann wird er dafür büßen müssen. und strömen tut es nicht nur draußen, sondern auch im inneren: aus den fässern in die gläser und von dort ins innerste des festgemeinschaftskörpers. am tanzboden werden jetzt die mädchen im kreis gedreht ganz wie die hendln, und von dem drehen und dem braten duselig, entgeht den mädchen ganz der mangel, der der allgemeinen brautschau angetan durch dieses fehlen von dem dorfprinzenkörper, der dem toni seiner ist.

nur einer stutzt. weil es, das stutzen, ganz das seine ist. deshalb hat auch der zeiringer den schauersberger als den verwalter eingesetzt und nicht den toni, weil hätt ja auch der toni schon mal reinschmecken können in das verwalten. aber die stutzigkeit vom schauersberger, die hat dem zeiringer doch imponiert.

das einer, wenn wo was faul gleich stutzig wird, und dass er ohne ein wenn oder ein aber wie ein jagdhund den grund der stutzigkeit gleich vor die nase von dem zeiringer hinzerrt, damit er durch die stutzigkeit vom schauersberger hindurch die faulheit riechen kann. und was den zeiringer fast stolz macht, ist die härte, mit der er, der schauersberger, hat er die fäule mal gerochen, nicht mehr loslässt, bis dass der fäulnisgrund dem zeiringer zur gänze offensichtlich ist. nur was ihn wundert, ihn, den zeiringer, wie einer, der wie er, der schauersberger, aus dem tiefsten dreck gekommen ist, einen solchen anstand hat in sich entwickeln können, während sein fleisch, der toni, sich am eignen schopf nur tiefer in den dreck reindrückt. er war zu weich, sagt er sich heute noch. hätt sich von der seinigen, gott hab sie selig, nicht in seiner härte dem eigenen gegenüber so verweichlichen lassen dürfen. was nützt das eigne fleisch und blut, wenn es sich so verschwendet. und lieber einem hobby als einer arbeit nachgeht. das war es auch, was ihm der schauersberger aufgedeckt, dass der toni heimlich hat sich in der hauptstadt in ein studium hineingeschrieben. wollt ein studierter stadtmensch werden, aber so leicht lässt einen das land nicht los. und durft am toni auch mit einer ordnungsschaffenden gewalt nicht sparen er, der zeiringer, dann. gerade da musst er noch tiefer greifen in den dreck, damit er sein eigenfleisch herausziehn konnt aus seinem sumpf, aus dem er selbst, der toni, herauszuziehn sich nicht ward gewillt.

und weil der schauersberger eine derart treue seele hat, in einem körper drin, der eine arbeitsscheu nicht kennt, drum hat er, der zeiringer, ihn damals mitsamt der seinigen, der schauersbergerin, zu sich auf seinen hof genommen. und hat dort eh die längste zeit schon eine frauenhand gefehlt, wie er, der zeiringer, zu sagen hat gepflegt. hat um den haushalt sich gekümmert nun die schauersbergerin am hof vom zeiringer und was halt sonst noch angefallen ist. weil gibt so einiges zu tun auf einem hof, fällt übers jahr so manches an, wofür gerade eine frauenhand vonnöten ist. und als ihm nun vom eigenen nur mehr enttäuschungen bereitet wurden, ihm, dem zeiringer, da hat er ihn, den schauersberger, zum verwalter dann gemacht, weil er ja eh die rechte hand von ihm schon war.

ganz versunken in das zarte hendlfleisch sitzt sie, die schauers-bergerin, jetzt da. würd auch gern tanzen mal, nur dass ihr mann für derlei firlefanz, hat er nicht das gemüt. während nun die anderen von ihren liebsten auf die tanzfläche geschleift, während sie, wie man so sagt, das tanzbein schwingen lassen, hat ihrer eine aufmerksamkeit nur für den zeiringer wieder mal. drum sitzt sie jetzt auch so alleine da in ihrem neuen kleid, das sie sich extra für heut abend hat gekauft, alleine da am bier-zelttisch, weil er sich wichtig wieder machen muss. und graben sich die rotlackierten finger, ihre, tief hinein ins fleisch des vogels jetzt, um diese weißen muskelfasern von den knochen abzulösen. kurz nur verharrt sie so, als würd das tier den frust ihr aus den fingern raussaugen. und merkt sie plötzlich, wie aus dem nichts heraus, dass ich sie grad beobachte, merkt, dass ich die längste zeit ihr zugesehen hab, und senkt den blick. be-schämt denk ich. da löst die keule unsanft ab sie von der hendl-hälfte. dreht knackend sie herunter von dem hendlleib. sieht seltsam zu mir rüber. und steckt die keule sich hinein in ihren mund, um kurz darauf, den knochen fleischlos wieder raus-zuziehen.

und weil die luft grad ziemlich steht vorm hendlgrill, und weil da in den gummihandschuhen drin der schweiß schon über-quillt, und weil ich ohnehin die längste zeit schon eine rauchen will, schlüpf ich kurz raus ins freie. zünd unter einem eiscrememarkenschirm mir eine an. beim zweiten zug merk ich, dass sie mir hier heraus gefolgt. wir rauchen eine stumm. dann zeig ich ihr den kühlwagen.

und da streckt er, der schauersberger, seine stutzig gerümpfte nase in die bierzeltluft unter dem stolzen blick des zeiringers, nach einem verdacht die menge abtastend. denn aus den kleinsten teilen ergibt sich der verdacht, der, wenn ihm nachgegangen wird, meist zu der fäulnis führt, für die, wenn sie gefunden, der zeiringer ein lob am schauersberger übrig hat. im kleinen ändert sich die welt, dort weicht es ab ins abnormale, setzt man nicht dort im kleinen schon die zwinge unserer ordnung an und lässt gar eine freiheit hier den kleinsten kleinteilen, dann wuchern sie, die weichungen, verweichlichen die große form, die unsere gemeinschaft ist. drum geht der schauersberger auch dem leisesten verdacht, dem stummsten, nach, und stummer als die erste trompete ist im bierzelt hier gerade nichts. er reckt den hals in freudiger erwartung faulster witterung. und strömt erst aus im zelt, zwischen den reihen, der schauersberger, dann strömt raus ins strömende er. er saugt die nässe auf und auch die schwärze, bis dass sich der verdacht erhärtet. in seiner beißenden obszönität gibt sich die fäulnis da dem schauersberger preis. und unbemerkt schaut er mit seinen augen, die jetzt die begründung des verdachts erblicken, schaut den beiden hinter der bude mit den aufgequollenen herzen zu, wie sie sich ineinander schon verschlungen haben. und kann es wieder mal nicht fassen, wie das eigenfleisch vom zeiringer, der ihm der einzige, das oberste prinzip ist, in so grober weise abweichen kann von dessen ordnung. da hat er recht, denkt sich der schauersberger, da hat der zeiringer recht, dass der gewaltsam, der toni, sich gewaltsam in den dreck reindrückt. verschwendet sich an diesem zeck von einem weib, könnt drinnen doch die sauberste von allen mädchen für sich mit einem vorrecht nehmen. doch nichts.

und muss er tragen jetzt, der schauersberger, weil die stutzigkeit ihn treibt, das für ihn unfassbare, durchs dickicht von dem zelt ans ohr heran vom zeiringer:

»musst selber raus, mein ich. das ist was, das man nicht vor vieler leute augen regelt. dein eigen fleisch ists wieder mal, das sich im dreck wälzt zusammen mit noch dreckigerem fleisch.«

vom ohr zuckt jetzt die nachricht durch den körper von dem zeiringer hindurch und spürt mit einem mal die last des ganzen festgemeinschaftskörpers, spürt ein jedes aug, das sich gerade auf ihn richtet, als er seinen körper von der bank erhebt und mit der sicherheit im schritt in richtung ausgang schiebt. kurz vor dem ausgang macht er halt und gibt der kellnerin noch eine geste, dass sie auf seine kosten den durst von der kapelle lösche. dann steht auch er bis über beide knöchel im morast, der vor dem zelt sich in die weide frisst. voll dank legt er, der zeiringer, die hand auf seinen treuen knecht, den schauersberger, der ihm die richtung deutet, in der sich der verdacht ihm hat erhärtet. und bleibt am eingang er, der schauersberger, damit nicht so ein neugieriger blick sich hier heraus verirrt. vielleicht sich satt sehen will an der privatgewalt, die was der zeiringer jetzt walten lassen muss.

im fahlen neonlicht, im kühlwagen dort zwischen rohen hühnerleibern, liegt nackt die schauersbergerin jetzt unter mir. das neue kleid als unterlage ausgebreitet, damit die kälte da vom boden her ihr nicht hineinkriecht in den körper, der in hitze nun doch kommen soll. hat sich so manches angestaut, das nun wie eine urgewalt die bahn sich bricht. und wippt der ganze kühlwagen im takt des liebesspiels, dass all die hühner nun auch in bewegung kommen, und federn leicht sie mit, wackeln mit den kahlen flügelchen, als würden sie uns nachäffen, die toten hühner. als plötzlich sich die türe öffnet. und aus dem feuchten dunkel, das da draußen herrscht, tritt in den lichtkegel hinein der schauersberger jetzt. es muss das wippen sie, die stutzigkeit, von ihm erweckt wohl haben, dass er den wachtposten, an dem er doch die stellung halten sollt, da an dem eingang zu dem bierzelt, doch verlassen hat. und auf das schaukeln von dem kühlwagen drauf zu sich pirschte. und steht tropfnass jetzt da vor uns. steht da, sein aufklappmesser schon gezückt. und denk mir noch, das wird wohl unschön werden jetzt, schad um die ganzen hühner, die papriziert und bratbereit schon um uns liegen. da macht er auf sein maul, der schauersberger, sagt mit gelassen ruhiger stimme nur, dass er ab jetzt und sie, die seinige, fürs brathendl nicht zahlen mehr. dass ihnen das dann kostenfrei wird ausgehändigt. und will schon umdrehen und wieder gehen. da setzt er noch mal nach, egal, wieviel wir von den hendln essen. und schlägt knallend sie, die kühlwagentür, hinter sich zu, um dann ins schwarz der nacht wieder zu schlüpfen. und ist das schloss der tür jetzt eingerastet. und wir hier drin, im kühlwagen drinnen eingeschlossen.

dass kurz die gipfel in ihrer ganzen pracht von einem wetterleuchten sichtbar, abgehoben vom schwarz des himmels stehen, diese gewalt, die die natur vermag, bestärkt ihn jetzt, den zeiringer, in seiner sache. die gewalt, denkt er in seinem hirn, ist doch das schönste geschenk, das gott uns gab. denn aus ihr ist sie gemacht, die ordnung, die man gemeinhin menschlich nennt. kurz lugt er um die herzwucherbude herum, dann greift ein er, vom anblick seines eignen fleisches in so enger verschlingung mit der verkommenen erschreckt. und suchen die verbotenen kurz noch aufzustehen vorm antlitz von dem zeiringer, doch rutschen in dem schlamm, der sie umgibt, nur aus.

die glieder gleiten in den haltlosen morast. da hat er die beiden schon gefasst am kragen. zieht an der budenwand sie hoch. die sandra knallt er kurzerhand mit einem schlag, der selbst die donner, die da oben grollen, übertrifft, gegen die wand, dass sie im selben augenblick nach unten rasselt und reglos liegenbleibt im dreck. wo sie auch hingehört, denkt er. den jungen hält er an der kehle, drückt gegen die bretter ihn, dass seine zehen kaum den boden mehr berühren. zappelt wie ein junges tier, das man nicht haben will. und zappelt nurmehr wenig, dem zeiringer sein eigen fleisch und blut. noch einmal reißt ers maul auf, er, der zeiringer: »warum? warum tust das mir an?«

der toni will noch einmal nach dem vater schlagen, da drückt der zeiringer noch etwas fester zu. und von weit her, vielleicht vom sonnhang oben, wo der schildhahn um die jahreszeit am balzen ist, hört man einen laut, als würd ein riese bäume brechen. er sieht den toten sohn noch einmal an, der zeiringer, und in ihm drinnen ist ihm, als müsst er traurig sein. und während er, der zeiringer, vergebens noch versucht, doch was zu empfinden für sein eigen fleisch und blut, da haben sich die augen von der sandra, die das unheil schon gesehen, aufgetan und sehen eben diese augen auch die halbe flasche da am boden hinter der bude liegen. sie fasst nach ihr. und hat sie fest umklammert jetzt die abgebrochne flasche. hat jetzt die sandra mal die mittel der gewalt in ihrer hand. und aus dem dreck erhebt die sandra sich und stößt mit aller kraft die abgebrochne seite von der flasche in den hals vom zeiringer, dort wo die schneidend scharfe sprache von dem zeiringer entsteht, klafft jetzt ein riesen schnitt, aus dem das dunkle blut hinunter auf den janker von dem zeiringer ergießt sich. und langsam wie eine fleischlawine sinkt zu boden er, der zeiringer. stimmlos reißt er das maul noch einmal auf, aus dem mehr blut als sprache kommt: »sauviech.« und liegt im dreck jetzt er, der einmal der zeiringer war.

und immer lauter wird das donnern, ist schon kein donnern mehr, ist mehr ein poltern, das vom sonnhang runterrollt. da löst die sandra sich von beiden leichen und stürzt hinüber zu dem bierzelteingang.

»jetzt ist das dann«, schreit sie, »es jagt den berg herunter. raus aus dem zelt. sucht schutz da, wer noch leben in sich trägt. lasst stehn die gläser. es rette sich, wer kann.«

doch er, der schauersberger, in seiner blinden pflicht stößt sie, die alles schon gesehn, nur von sich weg: »ins zelt kommst du heut nimmer rein.« in dem moment kommts schon die kirchgass runter. der schlamm reißt halbe häuser nieder. hält auch nicht ein vor gottes eingeborenem, der auf dem kirchenvorplatz steht. das kreuz wird auch vom schlamm jetzt mitgerissen. kurz schwimmt es auf, dann ist der heiland schon verschluckt. die sandra fleht noch in verzweiflung, die ihn kein bisschen rührt, den schauersberger, er kennt nur den verdacht. kein bitten und kein betteln hilft, kein flehen und kein knien. im blitzlicht sieht man wie das ungetüm sich durch die feuchte weide frisst und immer schneller wird. der kühlwagen wird von den massen umgekippt, dass all die hühner aus den kisten stürzen. purzeln auf uns nieder. und rollt sie weiter die muräne auf das bierzelt zu. dort, wo der toni vorhin sich hinausgestohlen hat, bricht sie herein, ganz wie die zunge eines riesen. verschlingt schon die kapelle. erwürgt der schlamm die letzten töne. kein lachen, nurmehr schreien. schneidet jetzt auch wie das wort vom zeiringer im ohr drin von dem schauersberger. kann sich noch umdrehen und das maul aufreißen. mehr nicht. da dringt ihm schon der schlamm durch alle öffnungen hinein. füllt ihn mit stein und erd und sediment.

ein bierzelttisch trifft wie ein schlag die sandra, trägt weg sie auf der braunen masse, die das dorf jetzt ist, hinunter in den talgrund, wo sie liegen bleibt. als sie die augen wieder aufschließt, scheint der mond aus einem loch, das sich hat in die wolken reingeschnitten. zurück will sie nicht, denkt sie, die sandra. man muss die leichen nicht begraben mehr.

und leise kriecht die fäulnis rein in sie, die hendlleiber. zersetzen sich die muskelfasern unter eifriger mithilfe kleinster organismen, die all die biomasse, die einen körper ausmacht, verflüssigt dann. und schleichend überdeckt der süßliche verwesungsduft den der gewürzmischung. kurz scheint es noch, als würde das aroma durch den seltsam süßen duft an tiefe noch gewinnen, bis plötzlich das verhältnis ins gänzlich unappetitliche dann kippt. die gärungsgase treten nun aufs beißendste zutage und sind doch nur das sicherste signal dafür, dass da jetzt unter ihr, der hendlhaut, der gelblichen, ein energieaustausch vonstatten geht, dass sich das leben da im toten leib nun wieder seine bahnen bricht. und hat so auch die fäulnis, die verwesung ihre schönen seiten. weil da aus diesem fäulnisgrund, aus absoluter unappetitlichkeit, wieder etwas umso appetitlicheres dann entstehen kann. das leben holt sich quasi immer wieder selber ein. und möcht man fast von einem allgemein anwendbaren grundsatz, einem urgesetz, hier sprechen. weil wenn man beispielsweise diese katastrophe hier mal ansieht, unter die lupe nimmt. wenn man die kleinsten organismen mal beobachtet, die hier am werke waren. könnt man auch hier dieses gesetz am werke sehen. verstehen sie mich bitte jetzt nicht falsch. was auf dem fest passiert ist, ist abscheulich. die roheste gewalt. tote, dutzendweis. das halbe dorf verwüstet von der grundmuräne. ein desaster. nur als am dritten tag die suchmannschaften alle hoffnung sausen lassen, als da ein winzig kleiner hauch von diesem fäulnisduft dem suchhund in die nase steigt. dass er die stelle anzeigt, wo der kühlwagen ver-

schüttet liegt. als sie ihn bergen und diese unachtsam ver-
schlossne tür aufbrechen. und wir, die schauersbergerin, also
die doris und ich, aus dieser fäulniskammer steigen, um kurz
darauf, gehüllt in goldne notfalldecken, uns knisternd dann zu
küssen. da ists, als ob das alles hat passieren müssen, damit wir
beide zueinanderfinden können.

Peter Waterhouse

Mit der Wimper zu zucken

Versuch über Ferdinand Schmalz'
beginnendes Werk

for Dean & Smalls

»denn Sache der Schriftsteller ist es nicht, Schuldige anzu-
klagen und zu verfolgen, sondern für sie einzutreten, selbst
dann, wenn sie bereits verurteilt sind und ihre Strafe ver-
büßen. [...] Ankläger, Staatsanwälte und Gendarmen gibt
es ohnehin schon viele, und in jedem Fall steht ihnen die
Rolle des Paulus besser als die des Saulus.«
Anton Čechov, Brief vom 6. Februar 1898

jenny, hans, adi, huber, karina und *beate, jayne, rolf* und *der fernfahrer* und dann *gangsterer andi* und *acker rudi* und *florentina, herbert, irene* und die anderen sind bei aller Unterschiedlichkeit ihres Tuns in der Molkerei und auf dem Autobahnparkplatz oder um das neue Einkaufszenter sehr beschäftigt mit einer Art Ungeheuer, das sie tagtäglich sehen und hören, mit dem Ungeheuer der anderen und dem eigenen Ungeheuer, dem allgemeinen Ungeheuer; weniger dramatisch gesagt: mit dem Unsanften, Unlieblichen, Unfreundlichen. Mit dem tagtäglichen unsanften Ungeheuer läßt F. S. sein erstes Theaterstück beginnen, er hört dem Ungeheuer aufmerksam zu, hört ihm so zu, wie *jenny, hans* und *adi* hören und die anderen, nur noch etwas feiner, geduldiger, unsicherer, aktiver. Es ist *jenny*, die als erstes spricht, wenn *am beispiel der butter* beginnt: ›der adi ist mir nicht geheuer.‹

In diesem allerersten Satz scheinen zwei zu sprechen; F. S. scheint zwei zu hören, nämlich *jenny*, die einer Besorgnis oder einem Gefühl der Bedrohtheit oder einem Gedanken Ausdruck gibt, und die Sprache, die nicht dasselbe meint wie *jenny*. *jenny*, sie ist *betreiberin der bahnhofsreste*. Und die Sprache ist … was ist die Sprache? Ist sie ebenso eine Betreiberin? Wen betreibt sie? Betreibt sie *jenny*, welche selbst die Betreiberin der Bar im Bahnhof ist?

Daß die Sprache ein solcher Betrieb ist, ein Betrieb, der nicht wie die Molkerei Milch und Butter herstellt oder wie das Einkaufszentrum Arbeitsplätze schafft und der Gemeinde Einnahmen bringt, aber ein Betrieb ist, der das Sprechen herstellt: Man hört es, wenn *hans*, *adi* und *herbert* sprechen, oft und oft jambisch, *broken iambic*, rhythmisch, eine rhythmische Arbeit tuend, ein rhythmisches Produkt herstellend. ›ja, der nimmt den zug und fährt das ganze tal von oben bis nach unten.‹ ›sind aber viele, die da pendeln, weil ein milcherzeugnis seine erzeuger oder besser zeugen braucht, geht ja alles automatisch schon. die müssen dort nur mehr bezeugen, dass alles mit rechten dingen zugeht.‹ ›stellt halt sonst sie keiner ein mehr. nur die talmilch nimmt noch auf.‹ Diese Sprache ist eine Erzeugerin, erzeugt einen Rhythmus, geht nicht *automatisch schon.* Schmalz stellt sein Produkt her, nicht Butter oder Butterschmalz, sondern Sprache. Während das Toxische sich ausdrückt, arbeitet Schmalz an einem Gegengift, gegengiftigen Produkt.

›der adi ist mir nicht geheuer.‹ Weiß *jenny*, hat *jenny* Zeit, Gelegenheit und Lust, dem Wort *geheuer* nachzuforschen, nachzulauschen? Weiß sie, daß ihre *bahnhofsreste* der Rest ist von einem Restaurant und von *restaurare, instaurare*, ein Rest ist, eine Spur ist von *wiederherstellen, wiederbeginnen, erneuern, erfrischen*? Daß sie arbeitet im Rest des Wiederherstellens, Erfrischens: aus der Erschöpfung Schöpfung machen? Ja, sie weiß es. Sie weiß, daß sie erschöpfte Schöpferin ist. Hat sie Lust auf dieses Wissen? Hilft ihr F. S. auf die Beine? Macht er ihr Füße und Jamben? Stell dich auf die Jamben, sagt ihr F. S., stell die Welt her.

Weiß sie, daß in den Wörterbüchern zu lesen ist: ›geheuer, sanft, anmutig, lieblich, freundlich – heute nur noch verneint‹? Spricht sie die Heute-nur-noch-verneint-Sprache und die Sprache kann noch etwas Anderes, Alternatives, will nicht nur noch verneint und Rest sein, sondern geheuer sein, sanft energisch, liebend, schaffend, lieblich betriebsam? Ist *jenny* unerkannt, ist sie unerkannt sanft betriebsam? *hans* antwortet ihr, mit noch stärkerer Verneinung: ›dir ist keiner heuer.‹ Sagen sie beide: *adi*, den Arbeiter in der Molkerei, gibt es nur als geheuren – er wird nur erkennbar, wenn er geheuer ist – und kann geheurer gemacht werden, kann geliebt werden – kann erschaffen werden? Erzählt F. S. von der Schöpferkraft der Liebe und von der großen Gefahr der Nur-noch-Verneinung?

Will *hans*, wenn er sagt *keiner heuer*, noch etwas Anderes sagen; und F. S. hört ihn dieses Andere fast sagen: *traut?* Will er sagen: *Geliebter?* Irgendwo hat F. S. dieses *heuer* gehört, dieses fast falsche Wort – denn *heuer* heißt *diesjährig* und ist ein ganz anderes Wort als *geheuer*, irgendwo in Rottenmann oder Graz, Leibniz, Mürzzuschlag, Wagna oder Gralla, und etwas nicht nur Falsches darin gehört: *Du liebst nicht.* Im falschen Wort das richtige hören, im Rest die Schöpfung, im *heuer* das *heuer*, die anmutigere Alternative? So also beginnt das junge Werk von Ferdinand Schmalz.

Weiß *hans*, was er sagt? Könnte er sich verlassen auf die Sprache, auf ihr Geheueres, so wie sich sein Autor verläßt auf das Geheure und Heure, auf ihre Zivilität, denn es dürfte eine Verwandtschaft geben, die die Worte *geheuer* und lateinisch *cives* verbindet? *hans*, versucht er eine bloß herablassende Antwort zu geben? Gelingt sie ihm nicht ganz? Gelingt ihm etwas, was er gar nicht sagen wollte? Will er ein Wort sagen, das bloß beleidigt? Ist er selbst beleidigt? Warum sagt er nicht: Dir ist keiner recht, gut genug, dir kanns keiner recht machen? Warum *heuer*? Er sagt ein Wort, beinahe genau jenes Wort, das es laut den Wörterbüchern heute nur in der verneinten Form gibt. *hans* sagt es unverneint: *heuer*. Hat er in *jennys* Rede gehört, daß das Wort *nicht* nicht in der Lage ist, das Geheure zu verhindern?

Hat er in den zwei Worten, *nicht geheuer,* die Unantastbarkeit des Geheuren gehört? Daß das nicht Geheure ihr und ihm nichts antun kann? Das Geheure unverletzt bleibt? Das Geheure hören im Nicht-Geheuren: Ist dieses Hören eine Form des Denkens? Hat *hans,* alias Ferdinand, das Wort *gehört?*

Dem Einwand von *hans:* ›dir ist keiner heuer‹ antwortet *jenny* mit den Worten: ›man denkt halt.‹ Ein sparsamer Satz, ein reichhaltiger Satz. Ich habe ihn zuletzt wieder gehört im Grallarer *Tanzcafé Franz,* an einer der kreuz und quer laufenden Theken. Welchen Zeitraum beschreibt er? Ein Kontinuum? Eine ewige Nachdenklichkeit, ein Versunkensein ins Denken? Wer ist es, die oder der denkt? *Man,* heißt das: so wie alle anderen? Warum sagt sie nicht: *ich?* Drückt sich in dem *man* die Bescheidenheit aus? Entschuldigt sich *jenny* für das Denken? *Halt?* Warum *halt denken?* Eine Verschämtheit? Das Denken als Einschränkung? Oder als große Unsicherheit – als Möglichkeit, zu keinem endgültigen Urteil zu kommen, nicht fertig zu werden mit dem Denken? F. S. gelingen riesengroße Miniaturen. Wie antwortet *hans?* ›das denken macht halt auch nicht schöner.‹ Ein Satz mit Möglichkeiten. Ich stelle mir ein Schauspielhaus vor, das in der Vorstellung, den Abend lang, nur diesen Anfang spielt. Immer nur *hans'* und *jennys* vier Sätze werden gesprochen, einen Abend lang nur die zwanzig Worte. Nicht weiter und weiter spielen, sondern *halt* machen. Nicht weiter machen und sprechen, sondern denken‹ In *hans'* Antwort ist zu hören: *das denken macht halt.* Er spricht ganz kurz und wie nebenbei von einem Innehalten, eine Möglichkeit blitzt in seinen Worten auf. Der Satz hält kurz inne, bevor er weitergesprochen wird und zu einer Schmähung wird. Schmäht, anstatt zu denken. ›das denken macht halt auch nicht schöner.‹ Wer das sagt oder hört, will vielleicht denken und fragt sich: Warum macht das Denken nicht schöner? Macht das Denken halt doch schöner? Macht das Denken einen schönen Halt? Könnten die, die denken, schöner werden? Gar nicht einmal schöner, sondern: schön? Ist hier große Schönheit versteckt? Ist die Möglichkeit, die geheime Möglichkeit, zu hören: Das Denken, eine Form des Innehaltens, macht schön? *hans* sagt dann: ›gib mir lieber einen klaren.‹ Dieser Klare, ist er bloß Schnaps? Und *lieber*? Ist das nur lieblos gesagt oder ist darin auch etwas Leises? ›gib mir lieber einen klaren.‹ Gib mir Liebe, reine, klare? Nicht weiterspielen, sondern innehalten, wie *jenny* und *hans*? Innehalten, zurückgehen, wiederholen? Langsames Lesen? Von *jener ehrwürdigen Kunst* spricht Friedrich Nietzsche in der Vorrede zur *Morgenröthe* (1881). ›... jene ehrwürdige Kunst [...]‹, die ›Nichts erreicht, wenn sie es nicht lento erreicht [...] sie selbst wird nicht so leicht irgend womit fertig, sie lehrt gut lesen, das heisst langsam, tief, rück- und vorsichtig, mit Hintergedanken, mit offen gelassenen Thüren, mit zarten Fingern und Augen lesen‹.

Suchen F. S.ens Personen alle nach einer Unterbrechung? Einer Unterbrechung des Ungeheuren? *hans* ist *exekutivbediensteter*. *jenny* ist *betreiberin*. Das ehemalige Bahnhofsrestaurant ist *eine bahnhofsreste*. Hat *jenny* mehr Angst vor ihrer Bezeichnung als vor *adi*? Mehr Angst vor der *betreiberin*? Ist der *exekutivbedienstete* ein Ungeheuer, *hans* nicht?

Wir müssen die Ängste der Menschen ernst nehmen. *jenny* könnte einen solchen Satz sagen und *hans* ebenso. Bundeskanzler sagen ihn heute und Innenminister, Innenministerinnen, Vizekanzler, Oppositionsführer. Ich habe ihn im Wirtshaus in Gralla, Wagna und Spielfeld gehört. In Wien in der Straßenbahn und zum Abendessen. An der Universität Wien und in der Nationalbibliothek und im Burgtheater. Vielleicht sage ich ihn manchmal, ohne es zu bemerken. Bei Ferdinand Schmalz habe ich den Satz nicht gelesen. Haben wir ihn schon einmal uns zugerufen? *huber, mittleres molkerei-management*, sagt immer wieder: *authentisch*. So oft, wie er *authentisch* sagt, werde ich Huber wohl von *Ängsten der Menschen* gesprochen haben, ich Ungeheuer. Aber *huber* und ich sind nicht nur Ungeheuer. F. S., der ja nicht selber spricht in seinen Theaterstücken, sagt nicht: *wir müssen*. Er sagt nicht: *die Ängste der Menschen*. Er sagt nicht einmal: *der Menschen*. Höre ich in seinen Stücken, wie er sagt: *die Möglichkeiten*? Habe ich F. S. schon sagen hören: *ernst nehmen*? Habe ich ihn nicht sagen hören: *mögen*? Erzählt er von einer anderen Macht, einem anderen Vermögen? Von der Möglichkeit des Mögens? Ist in der Molkerei die Möglichkeit zu entdecken? Mag er die Möglichkeitsarbeiterin hören?

adi, von dem *hans* und *jenny* nicht liebevoll sprechen, noch nicht liebevoll sprechen können, ist *jenny* unheimlich, weil er etwas Ungewöhnliches tut, nämlich im Pendlerzug allen Reisenden, auch den Kindern, Schulkindern, von seinem Molkerei-Joghurt, von seiner Möglichkeit etwas gibt – also Möglichkeit erzeugt, eine andere als die, die in der Molkerei erzeugt wird. *hans*, hans jambus, sagt: ›und sicher hast du auch den löffel, den er bei sich trägt, gesehn. mit dem geht er im zug von einem end zum andern, und wen er trifft, fragt er, ob der nicht bisschen von dem joghurt will. ›magst einen schnapper?‹ fragt er, der adi, füttert dann von dem namenlosen becher in die münder von den fremden hinein. schaufelt das weißeste der milch in die gierigen gesichter.‹ *magst*? Ist das die Verwandlung der Molkerei zu Möglichkeit und Liebe? Oder zu etwas viel Sparsameren als Liebe? Mögen? *We may*? Aus Molke: mögen? Eine Woche nach dem Open-Air-Konzert von *The Police* in

Leibniz treten in der römischen Arena, deren Reste noch zu sehen sind in einer Mulde in den Kukuruzfeldern zwischen Leibniz, Wagna und Gralla, die Grallarer *The May* auf. Hab ich im Publikum, im Kukuruz, den Ferdinand gesehn?

adi. Von dem *jenny* sagt: *mir nicht geheuer.* Von dem *karina* sagt: *er soll ganz anders sein als alle hier.* Wo finde ich, höre ich *adi*? Im unscheinbaren Augenblick? Wenn nichts eskaliert? In einer Miniatur? Ist er geheuer und ungeheuer? Sind alle *in dem Ferdinand Schmalz sein Stück* geheuer und ungeheuer? Schließlich sprechen *karina* und *adi* miteinander, es ist die zweitlängste Szene im *beispiel der butter.* ›das ists, was mich interessiert an ihm. der schafft es, seine eigne wuchernde welt vielleicht zu schaffen.‹ Und da setzt das Gespräch der beiden ein. Schafft er es? Schafft er es, zu schaffen? Schafft er – oder schafft ers bloß? Ist das ein Gegensatz? Heißt: es schaffen: nichts schaffen – höchstens Probleme lösen?

In einer Miniatur dann zeigt *adi* etwas Anderes als Schöpfung oder Kläglichkeit. *karina* (caro: liebenswert, teuer, geheuer) unterbricht, als er über die Molkereimaschinen spricht, über die Monotonie in einer Molkerei. *karina* unterbricht in diesem Augenblick nicht nur ihn, sondern unterbricht die Rede von der nicht zu unterbrechenden Monotonie. *a* ›dass nur der milchstrom ja nie unterbrochen sei.‹ *k* ›ja klar, das hab ich schon verstanden.‹ Dialog – das Unterbrechenkönnen des Anderen. Doch die Miniatur ist hier noch nicht zuende. ›das hab ich schon verstanden‹, sagt *karina;* ›nur was passiert da drinnen, im inneren von den maschinen?‹ Besonderer Augenblick – *er soll ganz anders sein* –, *adi* antwortet: ›da wollt ich ja grad ...‹ Er unterbricht, es entsteht eine kleine Pause, welche ich in der Vorstellung im Burgtheater nicht gehört, warum nicht gehört habe? Weil das Burgtheater nicht auf-

merksam war? Weil ich nicht aufmerksam war? Weil wir beide,
BT und i –

da wollt ich ja grad Punkt Punkt Punkt. Fehlt *da* ein Wort?
Welches? *adi* beginnt zu antworten und sagt *da*. Ein Miniatur-
Wort, das so oft gesprochen wird in allen Stücken von Ferdinand Schmalz. ›sitzt also da in deiner reste und übersiehst alles‹, ›fängst da immer mit deinen resten an‹, ›da kann man
nichts dagegen tun?‹, ›da ist auch meine staatsgewalt gebunden‹, ›da stockt was zwischen uns. was soll da stocken zwischen
uns?‹, ›da, wo das tal jetzt ist‹, ›rotzgelb da auf dem glas‹, ›wir
sind schon da‹, ›wo eine autobahn, da fahren wir‹, ›da halten
wir uns an am mittelstreifen dann‹, ›liegt da ein umgekippter
lastkraftwagen‹, ›mange ton *dasein*!‹, ›**dark was the night**‹, ›wie
kommst jetzt da drauf?‹, ›bleib lieber noch ein bissl da‹, ›ganz
braun tritt da das moorwasser schon raus‹, ›da kommts mir
manchmal vor‹, ›padum / doch da / padum / im nichts / padum / in uns / padum / da gärt es schon‹, ›hans von dach‹,
›auch etwas da in einen selber reinschlüpft dann, dass da etwas
hinein in einen schlüpft‹, ›weil sich gerade da im unscheinbaren
oft das unheil schon anbahnt‹, ›nur hat sich da, im null-zustand, da, wo sonst eigentlich eine genesung einsetzt dann, ein
wunsch nach wahrer bademeisterschaft hat sich da in mir eingenistet‹, ›der tobt da draußen‹, ›da hat wohl jemand einen ring
verloren‹, ›da kenn ich kein pardon‹, ›da muss ich leider dann
die konsequenzen ziehen‹.

Ehe *adi* seine Antwort unterbricht, *adi* mit dem unterbroche-
nen Namen, hat *karina* gesagt: ›nur was passiert da drinnen, im
inneren von den maschinen?‹ Sie scheint, indem sie so fragt,
eine Voraussetzung zu machen oder besser eine kleine Gedankenlosigkeit zu erlauben oder sich in zu viel Sicherheit zu wie-
gen: daß es ein *da drinnen* gibt. Daß es dieses *da* gibt. Kurz zu-

vor im Selbstgespräch hat sie gesagt: ›das kommt davon, weil ich mich innen leer gemacht hab. da rührt sich nichts mehr in mir drinnen. […] bin eine leere tafel innen. nur eins ist da in mir‹. Mit diesem nicht sehr sicheren, aber voraussetzenden *da* beginnt *adis* Antwort und Unterbrechung. ›da wollt ich ja grad …‹ Sogleich Pause, sogleich spricht er nicht weiter. Was tut er in dieser Pause? Ist dieses Zögern: Denken? Hören wir in diesem Augenblick zu bei der *allmählichen Verfertigung der Gedanken beim Reden*? Ist diese Gedankenpause keine Gedankenlosigkeit, sondern: Platz zum Denken? Zögern, besser als erzeugen? Steht in diesem Augenblick die ganze Molkerei und Maschinerie still? Wie könnte der stille Gedanke ungefähr lauten? *da wollt ich ja grad – da wollte ich gerade hin – da hin kann ich gar nicht – da kann ich nicht hingehen – da ist ist kein Ort – und ich wollte gar nicht hin*? Lautet der stille Gedanke: *da wollt ich ja grad nicht hin*? Ist mit dem Hingehen nämlich nichts zu erreichen? *adi* wollte gar nicht dorthin – aber die nicht geheure Sprache hat gesagt, hat ihm gesagt, daß er hingehen soll. Mit diesem Ungeheuer kämpft er rasch, kämpft er mit den Mitteln des Zögerns oder Innehaltens. Vielleicht gibt es das *da in mir drinnen* nicht, auch nicht das *da drinnen im inneren von den maschinen*. Aber das Innehalten? *da wollt ich ja grad hin …* – ins Innere? Nein. Nach der Gedankenpause oder in ihr sagt *adi*: ›das, das wollt ich ja grad sagen‹. Er verschiebt hier viel, in dieser Miniatur, die ganze Molkerei und ihre Zielgerichtetheit, er verschiebt den Aspekt auf die Sprache, aus dem unbekannten, unglaubwürdigen Innen hinaus. Eigentlich will er in diesem Gespräch nirgendwohin, auch nicht hinaus. Statt: *da … hin* will er *das, das … sagen*. Und mit diesem Wort *sagen* könnte er meinen: unterbrechen, allmählich verfertigen. Die Allmählichkeit, eine andere Möglichkeit, eine andere Produktion. Vielleicht einfach nur Milch, ohne Milchprodukt.

adi, der Zögerer. ›er soll ganz anders sein als alle hier.‹ Aber will er nicht auch Macher sein wie alle Macher? Held sein – der sein, der nicht zögert? Der macht und tut, ohne mit der Wimper zu zucken? Der die Faust ballt? Der nicht träge ist, sondern etwas leistet? Jedenfalls erklärt er die Butter zu einer trägen Masse, und auf *karinas* Frage, ob es aus Leistung und Monotonie keinen Ausweg gebe, *kein happy end*, antwortet er: ›keins. nur eine hoffnung, dass im inneren von jedem stück butter noch was ruht, was keine trägheit ist.‹ im *inneren*, und hier kein Zögern *adis*, kein Innehalten, hier keine notwendige Gedankenpause. Verläuft *adis* Reaktion auf die eingefahrenen Bahnen auf den eingefahrenen Bahnen?

adi weiht *karina* in diesem Gespräch in ein Geheimnis ein. *karina* schwört, daß Geheimnis geheim zu halten. Er sagt: ›mir ist es butterernst.‹ Ist der *butterernst* noch bitterer als der bittere? Eskaliert etwas in *adis* Wort? Wird die Butter zu mehr als Butter? Wird etwas, das weich ist, zu etwas Hartem? Ist das die eingefahrene Bahn, von der *adi* gesprochen hat: eine verhärtete Bahn? Ist die Molkerei, in welcher so vieles fließt, eigentlich eine Verhärtung? Härtet sie auch den Molkereiarbeiter *adi*, bis er es *butterernst* meint? Er zweigt heimlich Butter aus der Molkerei ab – jeden Tag ein halbes Kilo – und sammelt sie zuhause, an einem *kühlen ort.* ›muss ja ein fetter patzen butter sein, den du da hamsterst‹, sagt *karina*. Die Mengenangabe – *patzen* – scheint ein geheimes gängiges Maß in der Fabrik zu sein: Vor dem Gespräch *karina-adi* hat sich ihr Vorgesetzter *huber (mittleres molkerei-management*, ebenso eine Maßangabe eher als eine konkrete Arbeit) über *adi* beschwert – er wird in Zukunft nicht mehr seine Dienste in Anspruch nehmen, um einen Werbefilm zu drehen: ›sie, adi, werden nicht mehr nach ihrer kamerahand gefragt, gibt andere, die haben authentizität genug und legens nicht immer auf eine patzigkeit so an wie sie.‹ Und F. S.? Er schreibt so, daß *huber* immer wieder in Jamben spricht. F. S. sagt zum jambischen *huber*, zum unregelmäßig jambischen, leise: Du könntest dichten. Du möchtest dichten, Dichter *huber*, der du nicht wirklich mittleres Molkerei-Management sein kannst. Du bist nicht eingefahrene Bahn. Du weißt von etwas Anderem als der Patzigkeit; du weißt von der Jambigkeit.

adi zweigt Tag für Tag einen *fetten patzen* Butter ab: ›genug, um eine menschengroße faust daraus zu bauen. ein denkmal wirds. in einer kühlen nacht werd ichs am parkplatz draußen aufstelln.‹ Auf dem *parkplatz, patzen*? Ist sie auch eine Patzigkeit, Grobheit: die Faust? Ist sie ebenso ein Patzen, ein Klumpen? Schon im nächsten Satz spricht *adi* von seiner *reinen geste* – und meint damit, daß er im Pendlerzug Molkerei-Joghurt an die Reisenden verschenkt. Reine, reinweiße Geste und menschengroße Faust – F. S. hört der Sprache der Molkerei zu. Und erinnert sich: ›magst einen schnapper?‹ Der Schnapper keine reine große Geste und nicht menschengroß? *magst?* – also keine Rede von der großen Liebe, keine Eskalation?

Eskalation im *dosenfleisch*: ›die tanke brennt wie eine riesenfackel, brennt lichterloh, brennt wie ein ungetüm. [...] die flammen schlagen auf die lastkraftwagen über. die ladung lichterloh. sieht man, wie flachbildschirme ihre form verlieren, zerschmelzen und hinunter auf die straße tropfen. [...] und hört man durch den lärm und das getöse jetzt ein lachen oder besser zwei. das sind die autobahnnomadinnen: / highwaynatives. [...] gibt barrikaden, überfälle, gibt autonome mautstationen schon.‹ Autonomie und Maut? Bewegt sich diese Rebellion und Eskalation auf einer eingefahrenen Autobahn? Ist die Tankstelle eine Molkerei? *rolfs* Text am Ende von *dosenfleisch* besteht aus einem wiederholten Wort, das immer größer wird, zuletzt in riesengroßen Buchstaben geschrieben steht, wie *adis* Faust und geballter Patzen aus Butter:

jetzt.

Doch unter diesem großen Wortbild, diesem Ungeheuer, sehe und lese ich in Klammern: ›(von nun an sind die wörter nicht mehr allzu wörtlich zu nehmen)‹. Etwas Unauffälliges fällt mir auf: das Wort *allzu*. Es wird hier widerrufen. Allzu, eine Steigerung, Vergrößerung von *zu*. Dieser Steigerung wird widersprochen, dieser Gewalt. *die wörter nicht mehr allzu wörtlich nehmen*. Also: Von *nun an* – und in diesem *nun* spricht eine winzige Erneuerung, die es im erfüllten *Jetzt* nicht gibt – die Wörter *wörtlich nehmen*. Aus ihrem *allzu*, aus ihrer Größe sie freilegen. Sie wieder wie Wörter und Sprache sprechen, ohne Größe, Heldentaten, geballte Fäuste und Batzen. Und wenn man sie *wörtlich* nimmt, anstatt *allzu*? Dann kann man mit ihnen fahren auf der Nicht-Autobahn, in die Nicht-Richtung? Zeigt die dann folgende Zeichnung, jener sanfte weite Bogen am Ende von *dosenfleisch*, eine nicht eingefahrene Bahn – eine Wölbung wie die der gewölbten Oberfläche der Weltkugel, welche nirgendwohin rollt? Eskaliert die Weltkugel nicht, sondern rollt sie? Etwas Anderes als die Gewalt hält die Welt bereit? Eskalationen rund um das Herz und um ein Einkaufszentrum, im *herzerlfresser*. Eskalierend die Beschreibung einer Personengruppe: *gangsterer andi* und die anderen sind noch sparsam beschrieben durch die Angabe ihres Alters, aber die *kundenschaft*, sie wird mit vielen Worten beschrieben, einigen großen, man könnte sagen, sie wird *allzu* beschrieben. ›eine vielheit unterschiedlichen alters, in sehnlichster erwartung eines neuen einkaufstempels‹. Gerade dieser Vielheit mit allen ihren Unterschieden und ihrem sehnlichen Superlativ ist es inmitten des eskalierenden, ungeheuren Geschehens gegeben, das Zögern zu finden, einen besonderen Rhythmus. Am Ende des Dramas, sind sie da noch eine *kundenschaft*? Fühlen sie noch ihre sehnlichste Erwartung und ist ein Einkaufstempel in ihrem Sinn? Singen sie nicht ein Lied vom Innehalten, vom Nicht-Inhalt, welchen kein Einkaufszentrum im Angebot hat? Singen sie *nicht allzu wörtlich*, also wörtlich, zögerlich? Kann ihr Lied, anstatt alles anzubieten, einiges vorenthalten? Das Lied beginnt: ›padum / ganz leer / padum / ganz hohl / padum / ganz ausgehöhlt‹. Aber dann wird die Leere noch leerer und lückenvoller (falls es Lückenfülle geben sollte): ›und werden selbst / padum / uns unbequem / padum / und werden selbst / padum / und werden selbst / padum / und werden selbst / padum / wir werden schon‹. Gibt es das: eine Vermehrung des Nichts? Und zuletzt den zögerlichen Herzschlag, den unbetonten Herzschlag – nicht mehr *padum*, sondern zögernd und zögernd und zögernd ›pa / pa / pa / pa / pa / pa / pa / DUM!‹ Dieses Herz zögert eher, als daß es schlägt. Diese *kundenschaft* spricht eine andere Sprache als die des Herzens.

›da wollt ich ja grad …

das, das wollt ich ja grad sagen‹

Peter Waterhouse
St. Veit im Jauntal / Šentvid v Podjuni
April 2017

ps

P Und nach dem Zögern oder in ihm: Was kommt dann?

F Dann ist da etwas Hörbares, ein Laut. Auch etwas übertrieben: Großbuchstaben, auf die ein Ausrufzeichen folgt dann: DUM!

P Laut? Und vehement? Vergrößerte Miniatur? DUM? Was hör ich da nach siebenfachem Zögern oder acht, im Zög um Zögern? Dieses DUM ist zu verstehen? Ist es ein Wort? Verkehrtes Wort? Should I read it backwards, should I read it suchwards, such ways the *herzerlfresser* play begins?

F Dark was the night (and cold the ground)

P If I read DUM from back to front, the sound becomes a mud. More mud.

F Und liest du wieder Deutsch, von m bis d?

P Wird's Mut. Mehr Moor. Du drehst die Wörter um? Die Ungeheuer? Du machst uns Mut und allen Kunden?
Das Wort gedreht, bis es nicht droht?

F Gut. Gefunden.
Ich reiße keine Wimper aus und steche keinen tot.

Peter Waterhouse, lebt in Wien, zuletzt sind erschienen: *Der Fink. Einführung in das Federlesen* (2016), *Die Auswandernden* (gemeinsam mit Nanne Meyer, 2016); als Mitübersetzer: Roberta Dapunt *dies mehr als paradies* (2016), Charles Bernstein *Gedichte und Übersetzen* (2017); in Vorbereitung: *equus. Wie Kleist nicht heißt.*

Nachweise der Druck- und Aufführungsrechte

am beispiel der butter
Uraufführung: Schauspiel Leipzig, 2. März 2014
Regie: Cilli Drexel
Abgedruckt in *Theater heute*, April 2014, sowie in *Theater Theater. Aktuelle Stücke 25*, Fischer Taschenbuch Verlag (Bd. 73006), Frankfurt am Main 2014
Auszeichnungen: Retzhofer Dramapreis 2013, Alsergrunder Bezirksschreiber 2013 / 14, Einladung zu den Mülheimer Theatertagen 2014, Nachwuchsdramatiker des Jahres in der Kritikerumfrage von *Theater heute 2014*, Dramatik Stipendium der Stadt Wien 2014

dosenfleisch
Uraufführung: Deutsches Theater Berlin in einer Produktion des Burgtheater Wien im Rahmen der Autorentheatertage des Deutschen Theaters, 13. Juni 2015
Regie: Carina Riedl
Abgedruckt in *Theater heute*, August / September 2015 sowie in *Theater Theater. Aktuelle Stücke 26*, Fischer Taschenbuch Verlag (Bd. 73008), Frankfurt am Main 2015
Auszeichnungen: Eröffnung der Autorentheatertage am Deutschen Theater Berlin 2015, Einladung zu den Mülheimer Theatertagen 2016

am apparat
Auftragsarbeit für das Schauspielhaus Graz
Uraufführung: Schauspielhaus Graz, 12. September 2015

der herzerlfresser
Auftragsarbeit für das Schauspiel Leipzig
Uraufführung: Schauspiel Leipzig, 20. November 2015
Regie: Gordon Kämmerer
Erstmals abgedruckt in: *Theater heute*, Januar 2016
Theater Theater. Aktuelle Stücke 27, Fischer Taschenbuch Verlag (Bd. 29630), Frankfurt am Main 2016

der thermale widerstand
Auftragsarbeit für das Schauspielhaus Zürich
Uraufführung: Schauspielhaus Zürich, 17. September 2016
Regie: Barbara Falter
Erstmals abgedruckt in: *Theater heute*, November 2016
Auszeichnungen: Kasseler Förderpreis Komische Literatur 2017, Einladung zu den Mülheimer Theatertagen 2017

nachsatz:
nahezu überall in der deutschsprachigen theaterlandschaft
wird der nachbesetzung der theaterkantinen
zu wenig aufmerksamkeit gewidmet.

nachnachsatz:
und während sich da unten auf der bühne
verschwitzte körper tief verbeugen,
sitzt zwischen roten falten eine motte
hoch droben da im samt,
schwört sich, das mottenmaul voll roter fasern,
was ihr das sprechen auf das komischste erschwert,
dass das für sie der letzte vorhang,
der allerletzte, nun gewesen sei.

nachnachnachsatz:
der stillen komplizenschaft
zwischen dem intendantenschreibtisch
und der nebelmaschine
muss nachgegangen werden.

nachnachnachnachsatz:
im zweifelsfall
fliegen lernen.